AF487188

LA RECUPERACIÓN DEL ESEQUIBO

LA RECUPERACIÓN DEL ESEQUIBO

Nelson Ramírez Torres

LA RECUPERACIÓN DEL ESEQUIBO

Colección Estudios Jurídicos N° 155

2023

© NELSON RAMÍREZ TORRES

ISBN 979-8-89184-927-3

Editado por: Editorial Jurídica Venezolana
Avda. Francisco Solano López, Torre Oasis, P.B.,
Local 4, Sabana Grande,
Apartado 17.598 - Caracas, 1015, Venezuela
Teléfonos: (058) (02) 762-38-42; Fax: (058) (02) 763-5239
http://www.editorialjuridicavenezolana.com.ve

Impreso por: Lightning Source, an INGRAM Content company
para: Editorial Jurídica Venezolana International Inc.
Panamá, República de Panamá.
Email: ejvinternational@gmail.com

Diagramación, composición y montaje
por: Mirna Pinto, en letra Times New Roman 14,
Interlineado: 16, Mancha 12.5 x 19

CONTENIDO

PRESENTACIÓN por Allan R. Brewer-Carías 11

I.   DEFENSA PENAL DE NUESTRO ESEQUIBO........ 29

II.   MÁS DEFENSAS PENALES DEL ESEQUIBO 33

III.   ¡DEFENDERNOS Y CONTRADEMANDAR A GU-
       YANA! 37

IV.   GUYANA JAMÁS HA TENIDO POSESIÓN PACÍ-
       FICA 41

V.   ¡CONTRAATACAR LEGALMENTE A GUYANA!. 45

VI.   ¡EL REINO UNIDO Y GUYANA NUNCA PROBA-
       RON DERECHO SOBRE EL ESEQUIBO! 47

VII.   ¡DEMANDAR LA NULIDAD DEL TRATADO AR-
       BITRAL DE 1897! 51

VIII. MÁS MOTIVOS PARA DEMANDAR LA NULI-
       DAD DEL TRATADO ARBITRAL 55

IX.   EL TRATADO ARBITRAL FUE RESULTADO DE
       ESTAFA Y EXTORSIÓN 59

X.   NULIDAD DEL TRATADO ARBITRAL POR
       DOLO CONTRA VENEZUELA 63

XI.   EL TRATADO ARBITRAL ES NULO POR VIO-
       LENCIA-EXTORSIÓN CONTRA VENEZUELA 67

XII.   NULIDAD DEL TRATADO ARBITRAL POR ES-
       TAFA CONTRA VENEZUELA 71

XIII. TÍTULOS Y PRUEBAS DE VENEZUELA 75

XIV.   ARDIDES PROCESALES DE GUYANA 79

XV. EMBOSCADA DE GUAYANA CON LA DOCTRINA ESTOPPEL 83

XVI. LA MAGIA DEL ACUERDO DE GINEBRA 87

XVII. VENEZUELA DEBE DEMANDAR AL RU 91

XVIII. EL RECLAMO PERMANENTE DE VENEZUELA.. 95

XIX. GUYANA-VENEZUELA Y EL JUICIO HONDURAS-NICARAGUA 99

XX. LA INEPTA ACUMULACIÓN DE GUYANA CON "EL ACUERDO DE 1905 103

XXI. ¿ERROR O FRAUDE DE LA CIJ? 107

XXII. PLAN DE COMBATE LEGAL CONTRA GUYANA 111

XXIII. FALSEDADES DE GUYANA Y EXXONMOBIL PARA APLICAR EL ESTOPPEL 115

XXIV. VALOR PROBATORIO DE LOS DOCUMENTOS DE MALLET-PREVOST 119

XXV. NATURALEZA DE LOS DOCUMENTOS ASEQUIBLES 123

XXVI. RECUSACIÓN DE LA JUEZA HILARY CHARLESWORTH 127

XXVII. MEDIDAS PROVISIONALES PARA VENEZUELA 131

XXVIII. EL PRESIDENTE DE GUYANA MINTIÓ ANTE LA ONU 135

XXIX. JAQUE MATE A GUYANA 139

XXX. VENEZUELA GANARÁ EL JUICIO A GUYANA .. 143

XXXI. ¿POR QUÉ VENEZUELA GANARÁ EL JUICIO A GUYANA? 147

XXXII. ¡CUIDADO CON EL JUICIO! 151

XXXIII. PARA EL PROFESOR ANTONIO REMIRO BROTÓNS.. 155

XXXIV. EL CASO *MONETARY GOLD* NO SE APLICA A VENEZUELA 161

XXXV. ¡INCLUIR AL RU NO ES INDISPENSABLE PARA EL JUICIO! 165

XXXVI. ¡ERRADAS DEFENSAS PRELIMINARES DE VENEZUELA! 169

XXXVII. ¡CUIDADO CON EL JUICIO! 175

XXXVIII. PARA EL PROFESOR ANTONIO REMIRO BRETÓNS 179

XXXIX. 15 DICTÁMENES PARA ASEGURAR LA RECUPERACIÓN DEL ESEQUIBO 185

XL. NULIDAD EN EL JUICIO DEL ESEQUIBO 189

XLI. NULIDAD POR ERROR O FRAUDE DE LA CORTE INTERNACIONAL DE JUSTICIA 193

XLII. LA CIJ NO PUEDE FIJAR LA FRONTERA SI VENEZUELA NO LO DEMANDA 197

XLIII. EVITAR ERRORES CON EL ESEQUIBO 201

PRESENTACIÓN

Allan R. Brewer-Carías

Profesor emérito, Universidad Central de Venezuela

El destacado abogado y amigo, Nelson Ramírez Torres, ha recopilado en este ilustrativo libro el fruto de sus reflexiones sobre el tema de la *Recuperación del Esequibo*, expresados sucesivamente en artículos publicados en la prensa durante más de un año, desde abril de 2022 hasta agosto de 2023, que conforman un estudio acucioso de la problemática de la reclamación del Territorio Esequibo, y en particular, de las implicaciones procesales derivadas de la demanda que Guyana presentó contra Venezuela en 2018, ante la Corte Internacional de Justicia, para que ésta declarara la validez de Laudo Arbitral de 1899 que le otorgó sin motivación alguna al Reino Unido la soberanía sobre la casi totalidad el territorio Esequibo, al oeste del río Esequibo, que siempre había y ha reclamado Venezuela como propio con base en los títulos derivados de la conquista y ocupación española del mismo realizada desde el Siglo XVI.

Y nadie mejor para hacerlo que Ramírez Torres, destacado abogado litigante graduado de abogado en 1972, con cincuenta años de experiencia tribunalicia en el país, con una amplia bibliografía publicada: dos libros: *La Tacha del Documento Privado*, editorial Paredes, Caracas, 1991. *La Traición Encubierta*, Talleres de editorial Melvin, Caracas, 2010; otra serie de trabajos, precisamente vinculados a casos litigiosos: *El Golfo de*

Venezuela y los Argumentos Colombianos, 1974; *El Antejuicio de Mérito*, 1982; *Información de Nudo Hecho*, 1983; *Enjuiciamiento de los Altos Funcionarios*, 1983; *El Indulto*, 1984; *Caso Banco de Venezuela*, Caracas, 1986; *Conozca a la Juez Norma Cabrera*, Caracas, 1994; *Caso Guillén Dávila*, Caracas, 1995; *Amparo Contra Sentencia Falsificadora de Doctrina*, Caracas, 1996; y *Caso Norma Cabrera*, Caracas, 1997.

Con las herramientas de litigante y la acuciosidad del estudioso del caso de la reclamación del Esequibo, Ramírez Torres analiza en los artículos que ahora se publican en este libro, en particular, los hitos fundamentales del proceso judicial que desde 2018 se desarrolla ante la Corte Internacional de Justicia con motivo de la mencionada demanda de Guyana contra Venezuela, en la cual solicitó a la Corte que declarara la validez del Laudo Arbitral de 1899 y de un pretendido Acuerdo de 1905.

En cuanto al Laudo Arbitral de 1899, Ramírez, afirma con razón que el mismo "es nulo por arbitrario y fraudulento. Es arbitrario porque: 1) se apartó de la verdad; 2) se apartó de la solución legal; y 3) por carecer de motivación. Es fraudulento porque para redactarlo se cometieron estos delitos: 1) abuso de poder de los árbitros; 2) falsificación de documentos públicos (mapas), y 3) fraude procesal (No I). Además, agrega igualmente con razón, que dicho Laudo es inmotivado, entre otras razones porque "Nunca existió, antes de 1814, posesión británica ni holandesa al oeste del río Esequibo," (No. II), y en todo caso, "Guyana jamás ha tenido la posesión pacífica" (No. IV) en la zona en reclamación.

En cuanto al denominado "Acuerdo de 1905", cuya declaración como valido también demándo Guyana ante la Corte Internacional de Justicia, pero que ésta, en las sentencias que dictó de 18 de diciembre de 2020 y de 6 de abril de 2023 ni siquiera mencionó (lo que lleva a Ramírez a plantear la necesidad de demandar la nulidad de las sentencias por "ocultar" dicha información" (No. XL)); el mismo en realidad, como lo afirma Ramírez no fue ningún "acuerdo" ni un "contrato" sino un "acta" de demarcación de límites (Nos. XIV, XV, XVI, XX, XXXVIII, XXXIX), cuya realización no puede alegarse como que haya sido aceptación del laudo y base de estoppel por parte de Guyana (No. XXIX).

Ramírez, además, analiza en sus artículos todas las fases fundamenta les del proceso: desde el momento inicial después de interpuesta la demanda por Guyana, insistiendo en la necesidad de que Venezuela se hiciese parte ante la Corte Internacional de Justicia (No. III); e incluso que, en tal ocasión, apuntó como buen litigante, que Venezuela debía contrademandar a Guayana (Nos. III) e incluso solicitar formalmente la declaratoria de nulidad del Tratado de Washington de 1897 y del propio Laudo Arbitral de 1899 (Nos. V, VI, VII, X, XI, XII). Incluso planteó inicialmente la posibilidad de que se llevara a juicio o se demandase aparte al Reino Unido (No. XVII), aun cuando en definitiva consideró que incluir al Reino Unido no era indispensable para el curso del proceso (No. XXXV). Por ello, en un artículo posterior, una vez que Venezuela compareció ante la Corte Internacional y opuso como cuestión preliminar que se citara al Reino Unido a juicio, Ramírez vaticinó que esa defensa fracasaría (No. XXXV).

Refiriéndose al tema procesal y de litigio, así se expresó sobre ello en el artículo "Cuidado con el juicio":

"En pocos meses, la CIJ dictará la sentencia en la que declarará sin lugar la cuestión preliminar opuesta por Venezuela, y fijará la oportunidad para que ésta conteste el fondo de la demanda. El yerro de los nuestros defensores obedeció, sin duda, a la poca experiencia procesal de los expertos en derecho internacional público, aun cuando conozcan adecuadamente las preceptivas del Estatuto y del Reglamento de la CIJ, y la jurisprudencia. Como ocurre con los aviadores que vuelan poco, los abogados internacional-listas públicos, aun adentrados en edad, tienen pocas horas de combate legal procesal. El yerro indica que no dominan adecuadamente el instituto de la inadmisibilidad de las demandas ni la falta de cualidad para demandar o ser demandado" (No. XXXVII)

Otro tema en el cual Ramírez ha insistido en sus trabajos fue el de la necesidad de que Venezuela solicitara medidas provisionales para suspender la explotación de recursos en la zona en reclamación (No. XXIV), lo que sin embargo no ha estado en la estrategia de los abogados de Venezuela.

La situación actual, en definitiva, es que el tiempo está corriendo para la presentación por parte de Venezuela de la Contra-Memoria en el caso, en respuesta a la Memoria presentada por Guyana en 2022, indicando con razón desde agosto de ese año que los abogados de Venezuela debieron haber comenzado a redactarla (No. XXII) para contestar el fondo de la cuestión, que no es otro que la nulidad del Laudo Arbitral de 1899 que es, por lo demás, lo que siempre ha sostenido Venezuela; y consecuentemente, alegar ante la Corte los derechos históricos de Venezuela sobre la zona en reclamación, respecto de la cual, como bien lo afirma Ramírez, "el Reino Unido y Guyana nunca probaron derecho sobre el Esequibo" (No. VI).

Hay que recordar en efecto, que la controversia diplomática entre Venezuela y el Reino Unido por la ocupación ilegítima por parte de las autoridades de la Colonia Británica de Guiana de parte del territorio venezolano al oeste del río Esequibo, específicamente se inició en 1841 cuando el explorador alemán Robert Schomburgk –convertido entonces en agente oficial británico para demarcar las fronteras–, comenzó a colocar hitos supuestamente de límites entre la Colonia británica y Venezuela en la propia desembocadura del río Orinoco.

Después de la firme protesta de Venezuela, la que dio lugar al retiro de las marcas que fueron calificadas por las autoridades británicas como simples indicaciones de carácter científico, y a pesar de que en 1850 los dos países llegaran a un Acuerdo diplomático comprometiéndose a no ocupar territorios al oeste del río Esequibo, la invasión colonial británica continuó, con la protesta de Venezuela, lo que generó un conflicto internacional de escala, que provocó la decisión de Venezuela, adoptada en 1876, de romper relaciones diplomáticas con el Reino Unido.

Ello tuvo como secuela de la intermediación posterior del gobierno de los Estados Unidos, con la anuencia de Venezuela y con base en la denominada Doctrina Monroe, exigiendo al Gobierno británico en 1895, como vía de solución de la controversia sobre la frontera entre la Guiana británica y Venezuela, que la misma se sometiese a un Tribunal Arbitral internacional.

El mismo año, el gobierno del Presidente Grover Cleveland obtuvo el acuerdo del Congreso de los Estados Unidos para el nombramiento de una muy importante Comisión Presidencial para "determinar el verdadero límite entre Venezuela y la Colonia de la Guiana británica," la cual realizó una extraordinaria labor de documentación histórica sobre el tema demostrativa de los derechos históricos de Venezuela sobre el Territorio Esequibo. En Inglaterra, al año siguiente, en 1896, el Gobierno de su Majestad británica, ante la creciente presión internacional y e incluso las potenciales perspectivas bélicas del conflicto, a su vez elaboró y presentó ante las dos Cámaras del Parlamento un *Libro Azul*, con *Documentos y correspondencia relacionados con la cuestión de los límites entre la Guayana Británica y Venezuela*, basados en un conjunto de falacias y falsedades históricas, buscando fundamentar las ilegítimas invasiones y usurpaciones territoriales británicas y desconocer los derechos territoriales de Venezuela sobre el Territorio Esequibo.

Dicho *Libro Azul* fue objeto inmediatamente de una respuesta por Venezuela, destacando precisamente dichas falacias, mediante un documento oficial preparado por el Ministerio de Relaciones Exteriores titulado: *Alegato de Venezuela. Contestación al "Libro Azul Británico" presentado a las dos Cámaras del parlamento en marzo último con el título de "Documentos y correspondencia relativos a la cuestión de Límites entre la Guayana Británica y Venezuela,"* Edición Oficial, Imprenta Nacional, Caracas 1896. Ese importante *Alegato de Venezuela,* contestación al *Libro Azul Británico,* además de haberse publicado originalmente en español en forma oficial, también se publicó en una traducción al inglés por *The Franklin Printing and Publishing Co. Atlanta GA.,* 1896.

El conflicto, en todo caso, desembocó en el Tratado de Washington entre Venezuela y el Reino Unido para someter la controversia de límites a arbitraje internacional, que fue lo que originó el Laudo Arbitral de 3 de octubre de 1899, en el cual los árbitros por unanimidad, fijaron en una forma totalmente arbitraria y, por supuesto, sin motivación ni fundamentación alguna la frontera entre la Colonia Británica de Guyana y Venezuela, haciendo prevalecer, como lo he expresado en otra parte, "mediante componenda y chantaje el empeño del Presidente del Tribunal de lograr una decisión unánime a toda costa, sacrificando la justicia y los derechos soberanos de Venezuela, violando para ello las exigencias del Tratado de Washington e ignorando la historia y los cientos de alegatos y evidencias producidos ante el Tribunal, otorgándole al Reino Unido, sin deliberación razonada alguna, el noventa por ciento del territorio Esequibo en disputa, y dejándole a Venezuela solo el control de la boca del río Orinoco que también Gran Bretaña pretendía arrebatarle. Ese fue el señuelo para materializar el despojo" (Véase Allan R. Brewer-Carías, *Derechos de Venezuela sobre el Territorio Esequibo, la nulidad del laudo Arbitral de 1899 y las falsedades en la Memoria de Guyana ante la Corte Internacional de Justicia*, Academia de Ciencias Políticas y Sociales, Editorial jurídica venezolana, 2023, p. 121).

Los cientos de páginas sometidas a los Árbitros por ambas partes en 1898, en los cuales buscaban probar sus respectivos derechos sobre el territorio en reclamación, fueron totalmente ignorados por el Tribunal Arbitral de 1899, por lo cual, más de 120 después, al haberse declarado competente la Corte Internacional de Justicia para juzgar sobre la validez del Laudo Arbitral de 1899 y la cuestión conexa de la delimitación de la frontera entre ambos países, la cuestión que deberá resolver, una vez declarado nulo el Laudo (No XXII, XXI), es precisamente la que no se resolvió en 1899 que es precisamente sobre los derechos históricos de Venezuela o el Reino Unido sobre el territorio Esequibo.

Por eso, con razón, Ramírez Torres en sus estudios se refiere, como buen litigante, al tema de los títulos y pruebas que Venezuela tiene que presentar ahora ante la Corte Internacional de Justicia (No. XIII), afirmando incluso con razón que Venezuela "debe solicitar que todas las pruebas presentadas en el juicio arbitral de 1898 sean traídas al juicio" ante la Corte Internacional de Justicia (No. XVII), lo que ahora ya no solo debe ser mediante la indicación de los enlaces electrónicos de aquellos libros de hace más de un siglo (No. XXIII), sino con las reproducciones de los textos que en 2023 han venido siendo editadas por la Academia de Ciencias Políticas y Sociales (2023).

Lo cierto, en todo caso es que al leerse la *Memoria* presentada por la República Cooperativa de Guyana en 2022 ante la Corte Internacional de Justicia, que Venezuela deberá contestar en su Contra Memoria antes del 8 de abril de 2024; lo que se constata es que, para tratar de fundamentar su demanda contra Venezuela para que dicha Corte supuestamente declare válido el Laudo Arbitral del Tribunal de París de 1899, que Venezuela considera nulo, parece que el tiempo no ha pasado, pues Guyana repite casi textual y literalmente, los mismos errores y falacias históricas contenidos tanto en el *Libro Azul* Británico de 1896, como en los documentos presentados ante el Tribunal Arbitral en 1898, en los cuales entonces el Gobierno del Reino Unido también trató de fundamentar sus pretendidos derechos territoriales sobre la Guayana Esequiba, desconociendo los derechos de Venezuela.

Lo expresado por Guyana en su *Memoria* de 2022, en efecto, para tratar de fundamentar los supuestos derechos del Reino Unido sobre el territorio que ocupó ilegítimamente en la Guayana Esequiba, y negar los derechos históricos de Venezuela sobre la misma, sigue casi exactamente lo expresado por el Gobierno británico en el mencionado *Libro Azul,* y en los alegatos ante el Tribunal Arbitral, estando llena de las mismas inexactitudes y falsedades históricas respecto del proceso de descubrimiento, conquista y toma de posesión de la Tierra Firme, es decir, de América meridional, por parte de la Corona española a partir de finales del siglo quince, tratando de fundamentar la ilegítima y puntual ocupación de partes del territorio de la Guayana Esequiba mediante establecimientos montados por empresas comerciales holandesas, que fueron los únicos cedidos en 1814 al Reino Unido, ignorando completamente el proceso de descubrimiento, ocupación y toma de posesión de dichos territorios por España a partir de 1498.

Como lo hemos destacado recientemente, en el libro antes mencionado (Allan R. Brewer-Carías, *Derechos de Venezuela sobre el Territorio Esequibo, la nulidad del laudo arbitral de*

1899 y las falsedades en la Memoria de Guyana ante la Corte Internacional de Justicia, Academia de Ciencias Políticas y Sociales, Editorial Jurídica Venezolana, Caracas 2023), la Memoria de Guyana presentada en 2022 ante la Corte Internacional de Justicia, entre otras muchas, repite las siguientes falsedades que ya se encontraban en el Libro Azul Británico de 1896:

Primero, que supuestamente:

"Los primeros europeos que se establecieron en la actual Guyana, incluida la región del Esequibo, fueron los holandeses. Llegaron en 1598, diecisiete años después de que las "Provincias Unidas" declararan su independencia de España. Exploraron el Orinoco tierra adentro, hasta el río Caroní. Desde allí se trasladaron hacia el este a lo largo de la costa y establecieron asentamientos en varios puntos entre los ríos Orinoco y Amazonas. (*Memoria* Guyana, par. 2.11).

Esto es una falacia. Para 1598, los exploradores españoles habían ya tomado posesión de todo el territorio de Tierra Firme, extendiéndose la frontera de los territorios sobre los cuales los españoles tomaron posesión en nombre de la Corona española, que conformaron las Provincia de *Nueva Andalucía* (1568), y de *Guayana* (1568, 1582, 1595) hacia el este, hasta el río Amazonas. A partir de la fecha mencionada en la *Memoria* de Guyana, de 1589, lo que se establecieron en la costa de las Guayanas por los holandeses, exclusivamente al este del río Esequibo, fueron tres establecimientos comerciales, por una compañía de una de las provincias de los Países Bajos en guerra contra España.

Segundo, que supuestamente, los holandeses:

"ocuparon y administraron el territorio entre los ríos el Esequibo y Orinoco hasta principios del siglo diecinueve, cuando fueron suplantados por los británicos..." (*Memoria* Guyana, par. 1.27)

Esto es una falacia. Los holandeses jamás ocuparon y administraron territorio alguno en la cuenca del Orinoco, y para principios del siglo diecinueve, solo tenían tres establecimientos comerciales en las bocas de los ríos Esequibo, Berbice y Demerara, exclusivamente, que fue lo único que pudieron haber cedido a los británicos en 1814.

Por ello fue que precisamente el explorador Robert Schomburgk, en su reconocimiento y descripción exacta de la Guiana Británica, tanto en 1835 como en 1837, como se aprecia de los mapas que elaboró en esas fechas, la redujo solo a esos tres establecimientos, antes que la "inflación territorial" causada por el descubrimiento de yacimientos de oro comenzara a manifestarse posteriormente en su rol –no de explorador– sino de "demarcador" de una frontera, basándose no en hechos históricos, sino en elementos fácticos y naturales como los que resultaban de las cuencas de los ríos, pero que no obedecía a ninguna realidad política.

Tercero, que supuestamente, una de las Cámaras de la compañía *West India Company* establecida en 1621, "la Cámara Zeeland, formalmente llevó a cabo la colonización de la Región del, Esequibo" (*Memoria* Guyana, par. 2.12); "Región," que en la misma *Memoria* se define como "comprendiendo todo el territorio de Guyana que se encuentra al oeste del río Esequibo, por el cual se nombra la Región" (*Memoria* Guyana, par. 2.2).

Esto es una falacia. La única "colonización" que tuvo lugar en esa Región denominada Esequibo por parte de los holandeses a partir de 1621, fue la realizada por una empresa comercial, y no por algún Estado, y estuvo reducida exclusivamente a los antes mencionados establecimientos comerciales situados en las desembocaduras de los ríos Esequibo, Demerara y Berbice.

Cuarto, que supuestamente:

"La sede de gobierno para la Colonia Esequibo fue establecida en Kykoveral, y, desde allí, las provincias Unidas ejercieron posesión, control y autoridad política sobre el territorio entre los ríos Esequibo y Orinoco" (*Memoria* Guyana par. 2.12).

Esto también es una falacia. Kykoveral es una isla fluvial situada en la confluencia del río Mazaruni con el río Cuyuní antes de su desembocadura en el río Esequibo, y allí lo que ubicaron los holandeses fue solo y exclusivamente un fuerte que existió hasta 1748, cuando fue abandonado, siendo totalmente falso que allí se hubiera establecido algún "gobierno" que hubiera ejercido "posesión, control y autoridad política en el territorio entre el río Esequibo y el río Orinoco." Las escasas incursiones que los holandeses hicieron hacia el río Orinoco siempre fueron repelidas por los españoles de la Provincia de Guayana; y el territorio entre el río Orinoco y el río Esequibo siempre estuvo bajo autoridad española, particularmente ejercida por las Misiones de Capuchinos que allí se establecieron por cuenta y nombre de la Corona española.

Quinto, que supuestamente:

"La colonización Española del norte de América del Sur comenzó en el sigo dieciséis en Nueva Granada, donde está ubicada la actual Colombia, y lentamente se extendió hacia el este hasta el río Orinoco" Memoria Guyana par. 2.13).

Esto es una falsedad. Es un hecho histórico irrebatible que la ocupación y toma de posesión del territorio de la parte norte de Sur América, desde el Ismo de Panamá hasta el río Amazonas, comenzó con el descubrimiento por Cristóbal Colón de la Península de Paria en la actual Venezuela y de la desembocadura del río Orinoco en 1498; y continuó con la navegación de Vicente

Yánez Pinzón, en 1499 bordeando la costa norte del Brasil hasta el Delta del Amazonas, obteniendo Capitulación para ir a descubrir desde la punta de Santa María hasta Rostro Hermoso y el río de Santa María de la Mar Dulce (el Marañón o Amazonas); la navegación de Rodrigo de Bastidas en 1500, acompañado de Juan de la Cosa, obteniendo éste último en 1504 Capitulación para ir a descubrir el Golfo de Urabá, y el primero, en 1524, Capitulación para descubrir y poblar la provincia de Santa Marta; la navegación de Alonso de Hojeda, acompañado de Américo Vespucio por las costa de Venezuela y redescubriendo la pesquería de perlas cerca de la Isla de Margarita, obteniendo Capitulación en 1504 para ir a descubrir a Coquibacoa (La Guajira), fundándose en la isla de Cubagua, en 1508, en la costa de Venezuela la Ciudad de Nueva Cádiz; y la Capitulación otorgada a los Welser en 1528 para el descubrimiento y población de lo que hoy es Venezuela, desde Maracapana a Cabo de la Vela.

A ese primer proceso de descubrimiento y población, lo siguió el viaje de Diego de Ordaz en 1530, con Capitulación para descubrir, conquistar y poblar doscientas leguas desde Maracapana, en los confines de la Capitulación a los alemanes, hasta el río Marañón (Amazonas), llegando en 1531 a Paria. Después de la expedición de Diego de Ordaz por el Orinoco en 1531, la penetración efectiva hacia la Guayana venezolana hacia el este comenzó a partir de 1568, primero con la creación de la Provincia de Nueva Andalucía, desde Cumaná; y luego, con la creación de la Provincia de Guayana desde el Nuevo Reino de Granada, ambas con frontera este ubicada en el río Amazonas.

En ese año 1568, en efecto, se estableció, primero, la Provincia de la Nueva Andalucía o Cumaná mediante Capitulación otorgada a Diego Fernández de Serpa, la cual comprendió en diversas ocasiones a las Provincias de Trinidad y Guayana; y segundo, la Provincia de Guayana mediante Capitulación otorgada a Gonzalo Jiménez de Quesada para descubrir y poblar los llanos, provincias y tierras al oriente del Nuevo Reyno de Granada, lo cual se hizo efectivo en 1569, por Antonio de Berrío, quien fundó la ciudad de Santo Thomé de Guayana en la ribera del Orinoco en 1595, y antes, en 1592, la ciudad de San José de Oruña, en la isla de Trinidad que siempre formó parte de dicha Provincia.

Esos fueron los vastos territorios que formaron parte de la Tierra Firme, denominados geográficamente como *Caribana* y *Guiana*, donde los holandeses ubicaron algunos establecimientos comerciales, y nada más.

En consecuencia, después de haber los españoles descubierto y navegado toda la costa de la Tierra Firme, el proceso de colonización española puede decirse que comenzó formalmente en 1508 con el establecimiento de la ciudad de Nueva Cádiz en la isla de Cubagua situada entre la Isla de Margarita y la costa este de Venezuela.

Sexto, que supuestamente, para 1621, los holandeses "ya habían construido múltiples asentamientos entre los ríos Orinoco y Esequibo" (*Memoria*, Guyana par. 2.13).

Esta es otra falacia. Para 1621, en realidad, aparte de algunas plantaciones que se situaron en la boca de los ríos Esequibo, Berbice y Demerara, el único establecimiento que los holandeses tenían establecido al oeste del río Esequibo, pero muy cerca del mismo, era el Fuerte en la isla de Kikoveral, antes mencionado.

Séptimo, que supuestamente "Los españoles no establecieron asentamientos al este del río Orinoco" (*Memoria*, Guyana par. 2.14).

Otra falacia. Al contrario, durante los siglos diecisiete y dieciocho, España estableció numerosos asentamientos al este del río Orinoco, gobernados y administrados por los Misioneros

Capuchinos, quienes estuvieron formalmente a cargo del proceso de colonización del Territorio Esequibo en nombre de la Corona Española.

Octavo, que supuestamente "Para 1630, la autoridad holandesa se extendió a todos los puertos al este del río Orinoco" (*Memoria* Guyana par. 2.14).

Una falacia más. En realidad, es que para 1630 no había autoridad holandesa alguna al este del río Orinoco hasta el río Esequibo; sólo había tres establecimientos en las desembocaduras de los ríos Esequibo, Demerara y Berbice, con fines comerciales, y un fuerte en la isla fluvial de Kykoveral.

Noveno, que supuestamente, para el momento cuando se suscribió el Tratado de Münster en 1648:

"España en consecuencia renunció a cualquier pretensión que pudiera tener, *inter alia*, respecto del territorio ocupado y administrado por Holanda al este del río Orinoco" (*Memoria,* Guyana par. 2.15)

Una falacia más. Para ese momento, el único asentamiento que tenían los holandeses al este del río Orinoco hasta el río Esequibo en el interior de la Guayana Esequiba era el fuerte en la isla de Kyk-over-al, situada en la confluencia del río Mazaruni con el río Cuyuní, antes de su desembocadura en el río Esequibo.

Décimo, que supuestamente, en un Mapa de William Blaeuw (1667), el río Orinoco fuera:

"La frontera entre los territorios Holandeses y Españoles en el norte de Sur América, de acuerdo con el Tratado de Münster" (*Memoria* Guyana par. 2.16)

Otra destacada falacia. El Tratado de Münster, al reconocer los establecimientos de Demerara, Berbice y Esequibo a favor de las Provincias Holandesas, situados en las desembocaduras de los del mismo nombre, fundamentalmente al este del río Esequibo, lo que determinó fue que, al oeste de dicho río, el dominio sobre las tierras de la Provincia de Nueva Andalucía y Guayana era de la Corona española. Por lo que las ocupaciones holandesas en las desembocaduras y cuencas de los ríos Pomeroon, Moruca, Waini, y Barima, al igual que en el Alto Cuyuní, fue siempre una ocupación de hecho e ilegítima, que no podía originar derechos algunos de soberanía.

Por lo demás, la denominación *Guiana* o *Caribana* que tiene el Mapa de Blaew, en el cual, como sucedió con todos los otros mapas contemporáneos, no significó ningún trazamiento de fronteras, pues lo que identificaban era toda la región entre el río Orinoco, el Mar Atlántico y el río Amazonas, sin ningún sentido territorial político.

Las anteriores son solo algunas falacias de la *Memoria* de Guyana presentada ante la Corte Internacional de Justicia, que asombrosamente repiten las mismas que ya, en 1896, el Gobierno británico construyó y formuló en el *Libro Azul* presentado ante el Parlamento Británico, al cual Venezuela respondió el mismo año en su Contestación al Libro Azul, y que luego ante los mismos argumentos presentados por el Reino Unido en el juicio arbitral en 1898, los representantes de Venezuela (J.M de Rojas, Agente de Venezuela; y Benjamín Harrison, Benjamín F. Tracy, S. Mallet Prevost, James Russell Soley, abogados por Venezuela) contestaron en los documentos presentados con el *Case*, el *Counter-Case* y los *Printed Arguments,* en más de dos mil páginas, que entre otras, son las pruebas que, conforme a lo indicado por Nelson Ramírez Torres en este excelente libro, deben ser llevadas a juicio por Venezuela ante la Corte Internacional de Justicia (No XXIII).

En todos esos documentos están escritas desde hace más de un siglo las respuestas a las falacias de la *Memoria* de Guyana, resultando en realidad cierto, históricamente, en relación con la reclamación de Venezuela sobre el Territorio Esequibo, lo que la misma Guyana resume en su *Memoria* (par. 3.49), así;

Primero, que España, efectivamente "descubrió el área desde 1498 y que, con un firme y establecido asentamiento de la parte de un todo, perfeccionó su título sobre la totalidad de la unidad geográfica conocida como Guiana."

Efectivamente, la toma de posesión en nombre de los Monarcas españoles por parte de todos los descubridores que navegaron las costas entre el istmo de Panamá y el río Amazonas, consolidó la soberanía de España sobre todo ese territorio, donde se asentaron las Provincias de Nueva Andalucía y de Guayana.

Segundo, que mediante el Tratado de Münster de 1648, "España cedió a Holanda solamente los lugares en Guiana que los Holandeses físicamente poseían, y que el resto del territorio quedó abierto a la futura posesión por parte de España."

Efectivamente, mediante el Tratado de Münster de 1648, España solo reconoció como posesiones holandesas los establecimientos de Demerara, Berbice y Esequibo ubicados básicamente en las desembocaduras de los ríos del mismo nombre, y nada más.

Tercero, que efectivamente, "todos los territorios al norte y al oeste de los asentamientos holandeses eran territorios españoles en los cuales los holandeses tenían prohibición de invadir por el Tratado."

Y *cuarto*, que efectivamente, Holanda no pudo transferir esas tierras a Gran Bretaña por la Convención de Londres de 1814 o por el Tratado de Paris de 1815, por no tener soberanía legítima alguna sobre ellas, razón por la cual Gran Bretaña nunca pudo haber tenido título legítimo alguno sobre ningún territorio más allá de lo que físicamente tenían los holandeses al momento del Tratado de Münster de 1648" (*Memoria*, Guayana, par. 3.49).

Todos estos argumentos deben ser reforzados por Venezuela en el juicio que se desarrolla ante la Corte Internacional de Justicia, en el cual los abogados por Venezuela deben desarrollar todas las cualidades de buenos litigantes, como las que nos enseña Nelson Ramírez Torres en esta importante contribución a la Reclamación del Esequibo, cuya aparición celebramos con agradecimiento.

Septiembre, 2023

I.

DEFENSA PENAL DE NUESTRO ESEQUIBO[1]

En 2019, Venezuela reiteró a la CIJ su negativa a comparecer por el procedimiento iniciado por la República Cooperativa de Guyana. Venezuela alegó que la CIJ carece de jurisdicción y que la demanda es inadmisible. En 2022, Guyana presentó la demanda para delimitar el territorio en disputa. La CIJ fijó el mes de marzo de 2023 para que Venezuela conteste la demanda. Es vital hacerlo, pues de lo contrario operará el artículo del Estatuto de la CIJ: *"Cuando una de las partes no comparezca ante la Corte, o se abstenga de defender su caso, la otra parte podrá pedir a la Corte que decida a su favor"*.

No obstante que la Conferencia de La Haya de 1907 dice que los laudos arbitrales son definitivos y sin recurso, tal predicado es cierto en la medida en que la sentencia no sea fraudulenta ni arbitraria. Ningún tribunal, ni siquiera uno supra constitucional, tiene potestad para dictar sentencias con esas características, por lo que no existe autoridad de cosa juzgada cuando media el fraude o la arbitrariedad.

La doctrina y la jurisprudencia internacionales aceptan la nulidad de los laudos por: 1. no ser proferidos por la persona escogida por las partes; 2. la caducidad de éste por haber vencido el plazo fijado para dictarlos; 3. el exceso de poder del

---

[1] El Universal, 4 de abril de 2022.

árbitro; 4. el error esencial; 5. la falta de motivación; 6. la imposibilidad de ejecución; y 7. el soborno del árbitro

El Laudo Arbitral de 1899, que despojó a Venezuela de 159.500 Kms^2, es nulo por arbitrario y fraudulento. Es arbitrario porque: 1) se apartó de la verdad; 2) se apartó de la solución legal; y 3) por carecer de motivación.

Es fraudulento porque para redactarlo se cometieron estos delitos: 1) abuso de poder de los árbitros; 2) falsificación de documentos públicos (mapas), y 3) fraude procesal.

Entre un fallo erróneo y otro arbitrario existe una diferencia en el grado de desacierto; más acentuado en arbitrario, y peor en el fraudulento. Los jueces que hacen tales son delincuentes.

El error que califica a una sentencia como arbitraria no es un error simple, sino uno significativo o esencial. Es error inexcusable. El laudo que despojó a Venezuela es nulo porque contiene equivocaciones inconcebibles, no simples errores humanos.

El RU, en un mapa que, como prueba produjo en el juicio, ocultó la línea original Schomburgk de 1835 que fija el límite en el río Esequibo. Falsificando la verdad, el RU alegó: 1) la línea publicada por Schomburgk en 1840; y 2) otra línea publicada en la lista de la Oficina Colonial para 1886 (cuando se descubrió el oro), llamando a ésta "Línea modificada de Schomburgk", y afirmando con desfachatez que es la "única línea."

En ejecución de la falsificación, en 1877, fue publicado un mapa oficial del RU, fechado 1875, en el cual apareció como frontera una línea designada como la de Schomburgk, que incluía Punta Barima y todo el territorio pretendido por el RU. Este es el mapa publicado en 1886, al que falsificaron la fecha al ponerle 1875, que señalaba la línea Schomburgk mucho más hacia el oeste y agregó territorio al RU.

Por ello, Venezuela pidió, en 1887, la evacuación de ese territorio retenido, desde un punto al este del río Moroco (región Barima), y rompió relaciones diplomáticas con el RU cuando la exigencia fue rechazada.

Nuestro TSJ deber ser estable sobre las diferencias entre los delitos instantáneos, continuados y permanentes, toda vez que los perpetrados en París, en 1889, son permanentes, es decir, las acciones no están prescritas a pesar del tiempo transcurrido. Independientemente de la muerte de los culpables, Venezuela tiene derecho a que se establezcan los hechos punibles.

Los delitos permanentes están vivos, y la República Cooperativa de Guyana los mantiene produciendo efectos al demandar contra la República Bolivariana de Venezuela la validez del Laudo Arbitral de 1899 (LA). Son competentes para conocer los delitos los tribunales penales de La Haya.

Determinar esos delitos es un punto prejudicial, por lo cual debe decidirse primero lo penal en tribunales penales para que pueda la CIJ decidir conforme con la verdad.

El Ministerio Público de Venezuela debe iniciar la investigación de los mencionados delitos, de modo que las resultas establezcan la verdad y sirvan de apoyo a la defensa venezolana ante la CIJ.

II.

MÁS DEFENSAS PENALES DEL ESEQUIBO[2]

Richard Olney, Secretario de Estado (1895-97) de EEUU, expresó a José Andrade, representante de Venezuela, que la cláusula de la prescripción del compromiso arbitral de 1887, se refiere únicamente "a un pequeño triángulo de poca extensión entre los ríos Pomarón, Moruco y Esequibo"; y que "solo se refería a ocupaciones anteriores a 1814". Andrade decía que "no podía constitucionalmente Venezuela aceptar enajenar ningún territorio que hasta 1810 pertenecía a la Capitanía General de Venezuela". Entre los títulos de Venezuela, estaba el mapa de Juan de La Cruz Cano de Olmedilla, publicado en 1799 por Francisco de Miranda con patrocinio del RU. En 1814, éste compró a Holanda lo que pasó a ser Guayana Británica.

La interpretación de la cláusula es que se refiere a territorios ocupados durante 50 años, antes de 1814. Llegado el momento del LA, RU adujo un alegato inadmisible: la cláusula de prescripción abarca la posesión que para 1897 (fecha del LA) hubiese durado 50 años.

Las diferencias comenzaron en 1840 porque RU se introdujo hacia el oeste del río Esequibo, en territorio venezolano, y cambió la frontera con el mapa falsificado ese año por Schomburgk. El RU colocó postes, Venezuela protestó y aquel los quitó. Ante

---

2   El Universal, 12 de abril de 2022.

los árbitros, RU ocultó la línea original Schomburgk de 1835 que fija el límite en el río Esequibo, y alegó la línea publicada por Schomburgk en 1840, y otra publicada por la Oficina Colonial en 1886.

En 1850, Venezuela, para evitar más usurpaciones, aceptó la propuesta británica de congelar las hostilidades. Convinieron en respetar la disputa del territorio ubicado entre el río Esequibo y la línea Schomburgk de 1840, hasta tanto se resuelva la controversia de los 141.930 Km².

En 1877, RU publicó un mapa con linderos y fecha falsificados (puso año 1875), en el que apareció como frontera una línea Schomburgk que incluía Punta Barima y el territorio pretendido por el RU.

En 1886, RU falsificó un nuevo mapa (el tercero) con la tercera línea Schomburgk como frontera, más hacia el oeste, abarcando 167.830 Kms² de territorio venezolano. GB identificó esa nueva línea con la primera línea fronteriza mencionada en toda su correspondencia enviada a Venezuela. La mala fe de RU fue tal que luego dijo que su frontera era una nueva línea en la costa hasta Upata, en Venezuela, pretendiendo ahora 203.310 Km².

En 1887, Venezuela rompió relaciones diplomáticas y exigió el desalojo de su territorio. Nuestro canciller, Diego Bautista Urbaneja, denunció a RU *"ante todas las naciones civilizadas"*, *"ante el mundo en general"*, *"contra los actos de despojo"*, *"y que en ningún tiempo y por ningún motivo reconocerá como capaces de alterar en lo más mínimo los derechos que ha heredado de España"*.

El laudo es nulo, por inmotivado y fraudulento, porque ocultó que es requisito de la prescripción adquisitiva que la posesión sea pacífica, la cual jamás tuvo RU, dado que invadió el territorio venezolano. Nunca existió, antes de 1814, posesión británica ni holandesa al oeste del río Esequibo. También es fraudulento y nulo porque la prescripción aplicada carece de fundamento porque España ni Venezuela abandonaron el territorio al este de dicho río.

Lo anterior evidencia que la prescripción acogida por los árbitros fue producto de los delitos de abuso y fraude procesal.

III.

¡DEFENDERNOS Y CONTRADEMANDAR A GUYANA![3]

En 2018, Guyana demandó a Venezuela para que la CIJ declare que: 1. El laudo de 1899 es válido y vinculante para Guyana y Venezuela, así como el límite establecido por él y el acuerdo de 1905; 2. Guyana ejerce soberanía sobre el territorio entre el río Esequibo y el límite establecido por el laudo y el acuerdo; y Venezuela lo hace al oeste de ese límite; 3. Guyana y Venezuela tienen la obligación de respetar sus integridades territoriales de acuerdo con la frontera establecida; 4. Venezuela se retirará y cesará su ocupación de la mitad oriental de la isla de Ankoko, y de los territorios de Guyana; 5. Venezuela se abstendrá de amenazar o usar la fuerza contra cualquier persona autorizada por Guyana para comerciar en áreas marítimas de dicho territorio, sobre el cual Guyana ejerce derechos, y no interferirá las actividades guyanesas; 6. Venezuela es responsable de los daños causados.

La CIJ adujo que Venezuela no presentó alegatos y no compareció al proceso; sin embargo, decidió que de las cartas recibidas se desprende que alegó la incompetencia de la CIJ, por lo cual tramitó la incidencia como cuestión previa y difirió el procedimiento de fondo. Venezuela alegó que tiene inmunidad de

---

3   El Universal, 19 de abril de 2022.

jurisdicción por no ser signataria, en cuanto a ello, del Estatuto y el Reglamento de la CIJ. En diciembre de 2020, con 12 votos a favor, contra 4 de los jueces (de Francia, Marruecos, Italia, y Rusia) la CIJ sentenció que tiene jurisdicción para conocer la demanda y fijar la frontera. Por unanimidad, sentenció que carece de jurisdicción para conocer las pretensiones de Guyana sobre hechos ocurridos después de firmado el Acuerdo de Ginebra (AG).

Venezuela debe hacerse parte en la CIJ y contrademandar (reconvención): 1) la nulidad absoluta (inexistencia) del LA, con base en que los árbitros no fueron imparciales; sentenciaron con abuso de poder; incurrieron en errores esenciales; el LA carece de motivación (muchas razones); es arbitrario y fraudulento. 2) la nulidad del compromiso arbitral de 1887 con base en que: a) impidieron ser parte a Venezuela; b) hubo error en su consentimiento (Richard Olney engañó a José Andrade acerca del área venezolana a arbitrar al oeste del río Esequibo); c) hubo dolopresión de EEUU y de RU; d) fue arbitraria la fijación de la prescripción adquisitiva en 50 años, lo cual se hizo para complacer a RU.

Venezuela debe presentar demandas contra Guyana (luego serán acumulados los expedientes). Ej., demandar: 1) se declare que son ciertos los hechos que sirvieron de fundamento al reclamo venezolano en 1962, causante del AG para que sea revisado el laudo: a) que el territorio está en litigio o reclamación. b) el reconocimiento de la controversia porque Venezuela afirmó que el laudo es nulo. c) la búsqueda del arreglo práctico. 2) se declare que Guyana no tiene derecho, en virtud del AG, a hacer concesiones (bloques Stabroek, Roraima, Pomeroon) en el territorio en disputa por ser objeto de contención diplomática y litigio judicial. 3) la nulidad del acuerdo de 1905 por vicios del consentimiento de Venezuela mediante violencia con el bloqueo de sus puertos exigiendo el pago de deudas. 4) se declare que, en 1835, RU no poseía territorio al oeste del río Esequibo, ni siquiera en Pomeroon, ni tiene títulos para hacerlo. 5) se declare que España cedió sus derechos a Venezuela, incluida la Provincia de Guayana, en el tratado del 30 de marzo de 1845, la cual, según las Cédulas Reales Españolas, tenía por límite oriental el río Esequibo.

IV.

GUYANA JAMÁS HA TENIDO POSESIÓN PACÍFICA[4]

Venezuela viene perdiendo su Esequibo por conducirse solo en el marco político y diplomático. Marcos Falcón Briceño dijo: *"Guyana tiene un laudo a su favor y la posesión del territorio. ¿Cómo vamos a invalidar eso? No parece tarea fácil. Debemos buscar otros caminos"*. El rumbo correcto es el combate jurídico. Venezuela, con técnica y espíritu, debe contestar la demanda de Guyana en la CIJ y solicitar la nulidad del Laudo Arbitral de **1899** (LA) que nos despojó, que es nulo porque no es motivado; tiene errores esenciales; hubo exceso de poder de los árbitros e incurrieron en fraude procesal y otros delitos.

Es inmotivado porque para dar la propiedad al RU no analizó la regla de derecho del Tratado Arbitral de **1897** (TA) sobre la prescripción que dice: *"Una posesión adversa o prescripción por el término de 50 años constituirá un buen título"*. Presionada, Venezuela aceptó el TA consciente de que RU no tenía la posesión pacífica del territorio al este del río Esequibo, y que tampoco se cumplía el requisito de más de 50 años de unas pocas invasiones. El LA omitió decir que lo único que otorga la propiedad, por prescripción adquisitiva, es la posesión pacífica, no la ocupación o invasión, figuras que no deben confundirse. A la

---

4   El Universal, 26 de abril de 2022.

regla jurídica de la prescripción, RU agregó en el TA esta otra regla no jurídica: *"Los árbitros podrán estimar que la dominación política exclusiva de un Distrito, así como la efectiva colonización de él, son suficientes para constituir una posesión adversa o crear título de prescripción"*, con lo cual el TA mezcló institutos contradictorios y excluyentes como lo son la prescripción adquisitiva y la ocupación; y creó (con fraude a principios internacionales) una prescripción basada en *"dominación política"* o en *"la efectiva colonización"*, nada de lo cual motivó el LA (ni siquiera los menciona).

El TA maquilló como *"dominación política exclusiva"* y como *"efectiva colonización"*, las cuales jamás existieron, las inaceptables *"ocupación o invasión"*. El LA es nulo porque de ello nada explica. El abogado Rafael Badell Madrid dijo que el laudo es nulo porque solo tiene *"seis párrafos y menos de 900 palabras, sin explicación alguna"*.

No se sabe si el despojo fue por prescripción, ocupación o invasión, dominación política o colonización. Para que opere la prescripción adquisitiva, las prácticas internacionales exigen posesión efectiva y pacífica durante más de cincuenta años. Un Estado por pura inacción no pierde su territorio que le pertenezca por justo título. En cambio, la ocupación, que es otro modo de adquirir la propiedad, procede cuando ocurre en un territorio abandonado (*res nullius*), que no es el caso de Venezuela. El Derecho Internacional Público no acepta la ocupación militar o bélica como justo título de adquisición (doctrina Stimson), amén de que RU violó las obligaciones del Tratado de Münster (1648) en el que España aceptó el río Esequibo (sólido límite natural) como frontera con la Guayana Holandesa.

Además, España siempre rechazó la ocupación o invasión de holandeses, y Venezuela hizo lo propio con los británicos, p. ej., cuando en 1841 detectó la garita inglesa en Punta de Playa, cerca del Caño Amacuro, reaccionó y logró que GB la quitara y retirara las marcas colocadas por Schomburgk. ¡Guyana jamás ha tenido la posesión pacífica!

V.

¡CONTRAATACAR LEGALMENTE A GUYANA![5]

Al contestar la demanda en la CIJ, Venezuela debe solicitar la nulidad del Tratado Arbitral de 1897 (TA) y del Laudo Arbitral de 1899 (LA). Además, para resolver la cuestión limítrofe, Venezuela debe contrademandar a Guyana en el mismo escrito de contestación, para que la CIJ declare, entre otros puntos, que el territorio ubicado al oeste del río Esequibo es propiedad de Venezuela. Se trata de la acción reivindicatoria porque el LA sentenció que el territorio es de Guyana, y tácitamente le otorgó una posesión que jamás ha sido pacífica.

Adicional a los hechos y pruebas para que ganemos la acción reivindicatoria, la contrademanda debe contener cuantas acciones declarativas sean necesarias o convenientes para que la CIJ establezca, p. ej., que: 1) El intento anglo-holandés contra San Tomé de Guayana, en 1629, fue una operación de piratería y la flota enemiga fue obligada a retirarse. 2) Los holandeses estuvieron limitados, en 1648, a la islita luego conocida como Kycoveral, situada en la confluencia del río Esequibo con los ríos Cuyuní y Mazaruni. 3) Según el Tratado de Münster, España y Holanda retendrían los territorios que estaban poseyendo en 1648; se reconoció a Holanda la propiedad de los territorios

---

[5]   El Universal, 3 de mayo de 2022.

conquistados y ésta se obligó a no avanzar en sus invasiones sobre territorios españoles. 4) Holanda no poseía en dicho año ningún territorio al oeste del río Esequibo, ni siquiera Kykoveral. 5) Toda el área al oeste de dicho río es propiedad de Venezuela. 6) RU ni Guyana tuvieron ni tienen título que acredite la propiedad y posesión legítima y pacífica del territorio ubicado al oeste del río Esequibo. 7) La publicación británica *The London Encyclopaedia* de 1829 dice que el río Esequibo es el límite occidental entre las colonias Demerara y Esequibo, y la Guayana Española. 8) España, en todo momento, desplegó autoridad para defender su territorio contra invasiones holandesas. 9) En la carta enviada por Alejo Fortique a Aberdeen, el 16 de mayo de 1844, dice: *"las bocas del Orinoco están libres, y pertenece a Venezuela toda la costa hasta el río Moroco, que queda en el Cabo Nassau"*. 10) La Gran Colombia recibió de España, después de la guerra de independencia, los territorios que ésta poseía en América del Sur. 11) El territorio de Venezuela es el que correspondía a la Capitanía General de Venezuela antes de la transformación política iniciada el 19 de abril de 1810.

Venezuela debe acumular en la contrademanda contra Guyana distintas pretensiones basadas en su derecho de propiedad, y presentar, aparte, varias demandas que formen expedientes separados que luego serán acumulados.

VI.

¡EL REINO UNIDO Y GUYANA NUNCA PROBARON DERECHO SOBRE EL ESEQUIBO![6]

Como afirmación apodíctica, debemos establecer el hecho, y probarlo ante la CIJ, que RU nunca desvirtuó los títulos de propiedad que Venezuela invocó, pues siempre evadió hablar de esos títulos y del derecho. Cuando se planteó el tema, RU echó mano a argumentos sin fundamento. Antonio Leocadio Guzmán Águeda (asesor de la cancillería en 1881), basado en estudios del Consejo de Estado en 1844, afirmó que los títulos de Venezuela hasta el Esequibo *"no han podido ser contestados hasta ahora en manera alguna por el Gobierno Británico, que siempre ha eludido todo examen de nuestros títulos, limitándose a diferimientos de las negociaciones"*. La verdad es que los derechos de RU no iban más allá de la margen izquierda del río Esequibo, que fue lo comprado a los holandeses.

En septiembre de 1881, RU (Lord Granville) propuso unos límites groseros "desde la margen derecha del río Barima, y de allí será llevada al sur por encima de la montaña llamada en el mapa original de Schomburgk colina de Yarikita; luego al río

---

6   El Universal, 10 de mayo de 2022.

Acarabisi y por éste hasta su unión con el Cuyuní, y de allí en dirección suroeste a la línea que propuso Schomburgk hasta el Esequibo".

Enardecido, el presidente Guzmán Blanco retiró la posibilidad de transacción, para entrar de lleno en el campo del derecho, conforme al cual el límite es el río Esequibo, tesis ésta que Guzmán sostuvo en su mensaje al Congreso en 1877. Mediante acción declarativa, Venezuela debe demandar a Guyana en la CIJ para que establezca en la sentencia el hecho de que Guzmán Blanco, siendo Plenipotenciario en Londres, en su carta para RU (Lord Granville) del 30 de diciembre de 1884, reiteró que *"la república entiende que los límites de la antigua Capitanía General de Venezuela llegaban al Esequibo, mientras la Gran Bretaña contradice esta inteligencia"*. E insistió Guzmán en que *"el asunto sea sometido al fallo de un tribunal de derecho que examine los títulos de las dos naciones"*. Como era de esperarse, RU (Granville) se fue por la tangente, al decir que esa propuesta presenta dificultades constitucionales que impiden a RU acceder a ella. Granville fue sustituido por Rosebery en 1885, quien expresó, sin fundamento, que da especial importancia a la posesión del río Guainía.

Mediante acción declarativa, la CIJ debe establecer en la sentencia que Venezuela rechazó enérgicamente la propuesta de Rosebery, y que Guzmán Blanco expresó que nuestra Constitución dice que sus límites son los mismos que correspondían a la Capitanía General de Venezuela en 1810; y que prohíbe la enajenación del territorio.

Venezuela tiene interés en proponer las acciones declarativas en las demandas (recomiendo varias) contra Guyana, en doble aspecto, tanto por existir los derechos de propiedad y posesión de Venezuela sobre el territorio en disputa, como por no existir nunca dichos derechos a favor de RU ni de su heredera Guyana.

Es necesario ver las cosas desde esta perspectiva porque, como hecho negativo demandado por Venezuela, Guyana tendrá la carga de la prueba y estará obligada a exhibir sus títulos de derecho (legales), los cuales no existen, como tampoco jamás los tuvieron los británicos.

Es imperativo precisar los hechos que debemos llevar a la CIJ para que queden plasmados como base de una o varias demandas y formen parte obligatoriamente de la sentencia, es decir, hechos como base de distintas demandas y no incorporarlos solo como prueba de una pretensión amplia como lo es la acción reivindicatoria que, a no dudar, Venezuela debe interponer.

VII.

¡DEMANDAR LA NULIDAD DEL TRATADO ARBITRAL DE 1897![7]

Guyana invocó en su demanda contra Venezuela el tratado de arbitraje celebrado en Washington en 1897 (TA), celebrado entre el Reino Unido de Gran Bretaña e Irlanda del Norte (RU) y Venezuela. Ésta, al contestar la demanda, debe alegar y contrademandar a Guyana la nulidad absoluta de dicho contrato por lo siguiente: 1) Fue hecho entre RU y EE.UU., es decir, Venezuela no intervino con plena voluntad, sino que fue presionada, inducida, y engañada en su buena fe con artificios para llevarla al patíbulo que significa la sentencia arbitral de París de 1899, que la despojó de sus 159.500 Km² del territorio Esequibo. 2) Violó el principio de libertad contractual, porque Venezuela no la tuvo y no estuvo frente a RU con igual derecho; y no se pusieron de acuerdo libremente sobre el TA, el cual es leonino, de mordaza, de sujeción y agarrotamiento. Venezuela perdió su autonomía negocial y se convirtió en dócil instrumento de RU. El TA tuvo por objeto no solo una desmedida limitación de la libertad en un grado lesivo al derecho y a la moral, sino que, además, es fraudulento.

3) Como explicó el Dr. Lara Peña, "El Tratado de Arbitraje de 1897 contiene claras y ominosas derogaciones de las reglas del Derecho Internacional, en materia de adquisición de

---

[7]   El Universal, 17 de mayo de 2022.

territorios y de ejercicio de soberanía". La primera de ellas es "la que hace con el principio del *uti possidetis juris* de 1810, consagrado en América como el medio más seguro para fijar las fronteras, según las líneas de demarcación de las antiguas posesiones coloniales". Este principio, dice Lara, es el que Venezuela alegó siempre frente a RU "desde los días iniciales de la plenipotencia de Fortique; fue alegado luego por Guzmán y sólo vulnerado por el Tratado de 1897".

Por preverlo el TA, los jueces del Laudo de París de 1899 estaban obligados a aplicar el principio *uti possidetis juris*, que significa que nuestro territorio es el que correspondía a la Capitanía General de Venezuela antes de 1810. Venezuela, a la sazón anarquizada y manipulada, jamás hubiera aceptado el TA si hubiese sospechado que los jueces no respetarían dicho principio. RU logró incorporar, con dolo y violencia sicológica y de hecho, un régimen en el TA para descartar premeditadamente la posesión colonial del *uti possidetis juris*, es decir, estableció en el TA, como medio de adquirir la propiedad, dos inaceptables figuras, como son "la dominación política exclusiva de un distrito" y "la efectiva colonización de él", y que cualquiera de ellas sería suficiente para crear un título de prescripción adquisitiva, lo cual es contradictorio con el *uti possidetis juris*.

4) Para engañar a Venezuela con el TA, RU usó como artificio-maquillaje, por un lado, el *uti possidetis de facto*, que prioriza la tenencia o conquista o asentamientos en el territorio, esto es, quien tenga la ocupación efectiva del territorio, se queda con él. En nuestro caso, tal criterio es fraudulento e injusto porque lo correcto era aplicar el *uti possidetis juris*. Además, el TA es nulo porque, en verdad, RU nunca tuvo posesión pacifica al oeste del río Esequibo, ni tampoco una ocupación efectiva que permitiera a los jueces atribuirle la propiedad. Insertar en el contrato al *uti possidetis de facto*, fue fraudulento, como lo es también el Laudo de París de 1899, porque RU no tenía la posesión

de facto o de hecho al oeste del río Esequibo, y tampoco la dominación política, con excepción del pequeño triángulo ubicado en la parte izquierda de la desembocadura de dicho río, el cual dibujó en su primer mapa el ingeniero Schomburgk en 1835 (contratado por los británicos). Precisamente, por esa razón, el laudo silenció toda explicación al respecto, porque, insisto, RU no tenía prueba de que estaba *"en posesión de hecho"* ni en dominación política del territorio en disputa.

5) En 1897, con Joaquín Crespo, y en 1899, con Ignacio Andrade, el ambiente en Venezuela era de anarquía política. Venezuela vivía como una viuda a la que se le acababa de morir el marido. Esta situación fue aprovechada por RU y EE.UU. para armar e imponer el TA. En 1869, siendo presidente de Venezuela José Ruperto Monagas, los británicos enviaron una carta a los estadounidenses, en la que decía: *"...existe un llamado país de Venezuela, que actualmente se debate en medio de la mayor anarquía, cuyas minor authorities (menores autoridades) no pueden ni siquiera considerarse como sujetos de Derecho Internacional".*

VIII.

MÁS MOTIVOS PARA DEMANDAR LA NULIDAD DEL TRATADO ARBITRAL[8]

Venezuela debe demandar a Guyana en la CIJ para que ésta declare la nulidad del Tratado Arbitral de Washington de 1897 (TA), el cual fijó las reglas con las que los árbitros debieron dictar el Laudo Arbitral de París de 1899 (LA). La cláusula III del TA ordena que *"El tribunal investigará y se cerciorará de la extensión de los territorios pertenecientes"* a España y Holanda *"o que pudieran ser legítimamente reclamados por ellas, al tiempo de la adquisición de la Colonia de la Guayana Británica por la Gran Bretaña"* (1814).

Las reglas de la cláusula IV del TA ordenan que, para decidir, los árbitros "se cerciorarán de todos los hechos que estimen necesarios"; y tendrán presentes las siguientes reglas "y los principios de derecho internacional no incompatibles con ellas": a) Una posesión por 50 años constituirá un buen título. b) Los árbitros podrán estimar que la dominación política exclusiva de un distrito, así como c) su efectiva colonización, son suficientes para constituir una posesión efectiva.

Para oponerla ante Venezuela, RU no tenía posesión, dominación política ni colonización en alguna parte de nuestro territorio (salvo un pequeño lote de tierra en la margen izquierda de

---

8   El Universal, 31 de mayo de 2022.

la desembocadura del río Esequibo), vale decir, era impensable que los árbitros dieran por cumplida alguna de esas reglas. Siendo así, esto es, inexistentes tales supuestos, es falaz hablar de incompatibilidad de *"los principios de derecho internacional"* con las tres reglas mencionadas. Incluso, si en alguna parte del territorio se cumpliera una de las reglas del TA para atribuir la propiedad a RU, en el resto había que aplicar el principio del *uti possidetis juris*.

La nulidad procede porque Venezuela: 1) Incurrió en error de derecho al consentir el TA considerando que los jueces acatarían el principio cardinal del *uti possidetis juris* (no obstante, la confusa redacción del TA) que fue el principal motivo para que Venezuela emitiera su consentimiento. 2) Incurrió en error de hecho porque era una circunstancia esencial, por lógica y buena fe, que se aplicara el *uti possidetis juris,* lo cual no se hizo. RU sabía de antemano que el laudo no respetaría dicho principio. 3) En tal sentido, el secretario de Estado de EE.UU. (1895-97), Richard Olney, mintió (o fue engañado por RU) al expresar a José Andrade, representante de Venezuela, que la cláusula de la prescripción del TA se refiere únicamente *"a un pequeño triángulo de poca extensión entre los ríos Pomarón, Moruco y Esequibo"*; y que *"solo se refería a ocupaciones anteriores a 1814"* (cuando RU compró las provincias de Demerara, Barbice y Esequibo). Olney preparó el terreno psicológico dentro del cual se desenvolvió la operación. Además, el consentimiento de Venezuela aprobando el TA, fue logrado por Olney (engañado o no por RU). ¿Quién, en sano juicio, aceptaría el TA excluyendo el *uti possidetis juris*? ¿Hubiera aprobado Venezuela el TA si en verdad existía, a favor de RU, posesión de 50 años, dominación política exclusiva o efectiva colonización de algún territorio?

El TA es nulo porque: 4) el objeto fue y es ilícito por el fin fraudulento consistente en la premeditada idea de atribuir sin fundamento la propiedad del territorio Esequibo a RU. La prueba está en el sofisma del TA de conceder primacía a "las reglas" en detrimento del *uti possidetis juris*, lo cual es una maniobra fraudulenta y argumento falso, porque jamás RU tuvo posesión de 50 años, ni dominación política, ni colonización efectiva en el territorio en disputa. El LA, *per se* (efecto y consecuencia del TA) es prueba del objeto ilícito del TA, porque al RU, sin tener derecho, y sin motivación, los jueces le otorgaron la propiedad. 5) Crear título de propiedad dizque con una posesión por 50 años, o con la inexistente dominación política exclusiva de un distrito, o con su efectiva colonización (supuestos falsos, que no existían), en perjuicio del *uti possidetis juris*, sin explicación, como lo hizo el LA, no solo es ilógico y absurdo, sino también artificioso y falaz, lo que evidencia que el consentimiento de Venezuela se obtuvo por error y fraude.

También es nulo el TA porque: 6) hubo dolo contra Venezuela consistente en las maquinaciones sin las cuales no hubiera contratado. 7) Fue redactado unilateralmente por RU y EE.UU., quienes lo impusieron unilateralmente, y Venezuela lo aceptó *"a ojos cerrados"*, es decir, el TA no fue producto de *"una libre discusión"*. Venezuela no intervino en su confección.

Francesco Messineo dice que *"ninguna de las partes puede imponer unilateralmente el contenido de la convención y que ésta debe ser el producto de una libre discusión"*. 8) Todo contrato de arbitraje es nulo cuando una parte utiliza su superioridad, sea cual fuere, frente a la otra, lo cual puede conducir tanto a la concertación misma del arbitraje cuanto a las aceptaciones de disposiciones que impliquen una supremacía para la designación o recusación del árbitro. Por ello, se ha declarado la nulidad de contratos arbitrales porque una de las partes impone a la otra las reglas que están hechas a su favor. 9) Es un hecho notorio que a la debilidad económica de Venezuela se unió su inferioridad negocial. 10) No hubo voluntad real o psicológica de Venezuela, no obstante que el Congreso aprobó el TA. Éste no alcanzó a ser codeterminado para conducir a un resultado de justicia sino algo arbitrario (willkürlich) al que no puede reconocérsele tener por base la justicia, ya que la arbitrariedad jamás es derecho. 11) El TA es nulo porque su contenido no es estándar, no es claro; y nunca, antes o después de 1897, existió uno igual o similar.

IX.

EL TRATADO ARBITRAL FUE RESULTADO DE ESTAFA Y EXTORSIÓN[9]

La contestación de Venezuela (contramemoria) a la demanda presentada por Guyana debe comenzar con la solicitud de nulidad absoluta del Tratado Arbitral de Washington de 1897 (TA). Anulado éste, automáticamente queda anulado el Laudo Arbitral de París 1899 (LA) que despojó a Venezuela de su territorio. No obstante, esa anulación automática, también debemos demandar la nulidad del LA, y ambas nulidades deben plantearse mediante contrademanda.

Para anular esos documentos, la CIJ deberá aplicar: a) la costumbre internacional; b) los principios generales del derecho internacional reconocidos por las naciones civilizadas. La ONU está basada en los principios de igualdad soberana de sus miembros y de justicia; c) la jurisprudencia. d) la doctrina acreditada de distintas naciones; e) el derecho internacional; f) los tratados internacionales; g) los principios y normas de la ética. La CIJ deberá decidir cada uno de los alegatos de Venezuela, y no podrá aplicar en el juicio la regla *ex a quo et bono*, esto es, según lo bueno y equitativo porque las partes tendrían que aceptarla previamente.

---

9   El Universal, 31 de mayo de 2022.

El litigio será con base en el derecho. A los motivos para anular el TA, agreguemos que es nulo porque: 1) Sus cláusulas son desacostumbradas, resultado de la estafa y la extorsión. Los supuestos de cada regla ¡no existieron jamás! Fueron concebidas para doblegar a Venezuela. 2) Hubo confluencia de poder de RU con EE.UU., quienes no solo redactaron el TA en forma desviada y dominante, sino que escogieron los 5 jueces del LA. 3) Venezuela no tuvo autonomía de su voluntad porque no hubo libertad contractual, la cual permite dictar cláusulas que nacen de la libertad de los contratantes. Como lo enseña el jurista argentino Juan Carlos Rezzónico (Contratos con cláusulas predispuestas) *"La libertad contractual no es tal si no lo es para ambas partes y si no se desarrolla a través de todo el devenir contractual con la confluencia de un consentimiento cabal"*. 4) Las reglas del TA, por abusivas, son absolutamente injustificables porque hubo derogación intencional, sistemática y múltiple de aspectos jurídicos determinantes. 5) Los ordenamientos jurídicos modernos y contemporáneos de RU, EE.UU. y Venezuela contienen normas imperativas e inderogables, que no permiten a las partes relajar y maniobrar en los contratos y en arbitrajes. No hay concordancia entre las leyes y el derecho de los 3 países involucrados (y de los países civilizados) y lo impuesto por RU. Las partes del contrato jamás pueden evadir el derecho imperativo, y en este caso ni siquiera hubo el principio de razón (*rule of reason*) para soslayarlo, sino que fue burlado con abyectos procederes que ofenden la civilidad. 6) La estructura fraudulenta del TA evidencia la verdad, esto es, se hizo lo que quiso RU, y las consecuencias las sufrió Venezuela, quien no tuvo otra opción que someterse al dictado de las dos potencias. RU impuso (EE.UU. lo complació o fue engañado) las tres reglas de adquisición de la propiedad, es decir, la prescripción de 50 años; la dominación política; y la colonización efectiva, las cuales respondieron específicamente a los deseos fraudulentos de RU y no fueron fruto de un querer común de las partes sino de la fuerza unilateral de él y el sometimiento de Venezuela. Por ello, el TA violó los principios de la igualdad soberana y de justicia. 7) Lo anterior prueba que el TA fue producto de la estafa (engaño) y la extorsión, lo cual es evidente porque: A) Lógicamente, era y es inconcebible e inaudito aceptar sus 3 reglas. B) La Constitución de Venezuela de 1893 no permitía al Poder Legislativo negociar en forma alguna el territorio (las anteriores a 1864 sí). C) El artículo 3 de esa Constitución ordenaba el *uti possidetis iuris* (posesión legal, fronteras iguales a las coloniales): *"El territorio de los Estados Unidos de Venezuela es el mismo que, en el año 1810, correspondía a la Capitanía General de Venezuela"*. D) Su artículo 13.4. ordenaba a los Estados de la Unión *"A no enajenar a potencia extranjera parte alguna de su territorio, ni implorar su protección, ni establecer ni cultivar relaciones políticas con otras naciones"*. En 1810, Simón Bolívar propuso a las naciones hispanoamericanas continuar con el *uti possidetis iuris*.

X.

NULIDAD DEL TRATADO ARBITRAL POR DOLO CONTRA VENEZUELA[10]

Al presentar su contramemoria ante la CIJ, Venezuela debe alegar y contrademandar la nulidad del Tratado Arbitral de 1897 (TA), el cual fijó las reglas del Laudo Arbitral de 1899. El TA es nulo porque Venezuela fue víctima del dolo (maquinaciones intencionales que producen error) desplegado por Richard Olney, secretario de Estado de EE.UU. (1895-1897). El consentimiento de Venezuela fue infectado con dolo, violencia, e incurrió en error esencial acerca del objeto del TA, al extremo de que, de conocer la verdad y la estafa en ciernes, no lo hubiese aceptado.

1) El representante de Venezuela en Washington, José Andrade, puso toda su confianza en Olney, quien, para engañarlo, le dijo que Venezuela estaba protegida con el Acuerdo de 1850, conforme al cual no era posible que a partir de esa fecha pudiese contarse lapso de prescripción a favor del Reino Unido de Gran Bretaña e Irlanda del Norte (RU). El Acuerdo obligó a éste y a Venezuela a no avanzar en el territorio disputado, impidiendo así que se adquiriera propiedad mediante prescripción. Era indispensable para Venezuela que el TA incluyera dicho Acuerdo, y no ocurrió. 2) En noviembre de 1896, Olney engañó a Andrade

---

10   El Universal, 7 de junio de 2022.

para que Venezuela aprobara el TA, haciéndole creer que con la cláusula de prescripción no se sacrificaba el *uti possidetis iuris* de 1810, según el cual las fronteras de las nuevas naciones debían ser iguales a las jurisdicciones coloniales; y que, por el contrario, la prescripción *"favorece durante el período colonial (antes de 1810), que es al único al que le sería aplicable la cláusula prescriptiva"*; e insistió en que *"durante el período republicano, el Acuerdo de 1850 le otorga una salvaguarda plena"*. 3) Olney, siempre mediante dolo, hizo creer a Andrade que la cláusula de la prescripción *"sólo ponía en contingencia el territorio ocupado por Holanda al oeste del Esequibo (río) para antes de 1814"*, es decir, el triángulo territorial formado entre las desembocaduras del Moruca, Esequibo y Cuyuní. Olney dijo a Andrade que *"Venezuela podía estar segura en sus manos"*, y éste informó a nuestro canciller que Olney *"estaba defendiendo los intereses de Venezuela"*. Mientras engañaba a Andrade, al mismo tiempo le decía a RU que *"concedía valor jurídico a la ocupación territorial contada retroactivamente a partir de la fecha del tratado que se negociaba"*, esto es, desde 1897. Como, en 1814, Holanda vendió a RU todo su territorio, y como no incluía nada al oeste del río Esequibo, Andrade consideró que quedaríamos protegidos en los términos del TA. 4) También aseguró Olney a Andrade que a Venezuela *"le favorece más un lapso de prescripción de 50 años y no uno de 60, porque los actos españoles de 1758, 1769, y sobre todo el de 1795, son eficaces para demostrar que la ocupación holandesa en el Moruca y Pomerún y toda pretensión holandesa más allá del Esequibo no podía constituir título válido, pues había sido interrumpida toda prescripción por el reclamo y los actos españoles de protesta ante los intentos de ocupación"*. 5) El TA es nulo porque Olney engañó a Andrade acerca de que se dictaría una decisión ajustada a derecho, y no fue así, pues, de opuesto, el Laudo Arbitral de 1899 fue un masivo fraude procesal. Solo en esas condiciones, aplicando el derecho, podía Venezuela aceptar el arbitraje, pues la Constitución de entonces prohibía toda negociación sobre el territorio. 6) Preguntada la cancillería venezolana por los abogados estadounidenses si se les facultaba para acordar compensaciones o transacciones, se les advirtió tajantemente, meses antes de firmarse el TA, que únicamente, conforme con la Constitución, podía aceptarse *"una línea fijada jurídicamente por el Tribunal"*. 7) Fue determinante del consentimiento de Venezuela, como causa principal, la circunstancia de que el único territorio que se arriesgaba por la cláusula de la prescripción estaba en el triángulo de los ríos Moruca-Cuyuní-Esequibo. Documentos de la cancillería prueban que el Gobierno y el Congreso firmaron el TA engañados acerca de que el único territorio que se arriesgaba por la cláusula de la prescripción estaba en el mencionado triángulo. 8) A mediados de octubre de 1896, Olney no solo no mantuvo una postura firme frente al embajador británico en Washington, Julián Pauncefote, sino que incluso tomó una actitud complaciente ante las exigencias británicas.

En síntesis, con dolo, se hizo creer a Venezuela que: 1) No se sacrificaba el *uti possidetis iuris*. 2) La cláusula de la prescripción solo ponía en peligro el territorio ocupado por Holanda antes de 1814. Venezuela descartaba peligro antes de 1814 porque en dicho año Holanda había vendido todo su territorio a RU, el cual no incluía nada al oeste del río Esequibo. 3) Estaba protegida con el Acuerdo de 1850.

Aceptar el TA no fue un error unilateral de Venezuela, quien no se engañó sola, sino que lo fue como efecto del dolo de Onley, que sorprendió la buena fe de Andrade. Onley procuró para RU un provecho injusto con perjuicio de Venezuela, lo cual es prueba, además de la nulidad del TA, de la gran estafa.

XI.

EL TRATADO ARBITRAL ES NULO POR VIOLENCIA-EXTORSIÓN CONTRA VENEZUELA[11]

Los tres elementos necesarios para que exista todo contrato son el consentimiento, el objeto y la causa. Si falta alguno, el contrato es inexistente. En cuanto al consentimiento, el contrato es anulable cuando se obtiene mediante error, dolo o violencia. Para que Venezuela, representada por José Andrade, firmara el tratado arbitral de 1897 (TA), Richard Olney, secretario de Estado de EE.UU. (1895 y 1897), empleó violencia injusta para obtener el consentimiento, es decir, lo hizo con coacción moral y amenaza de causar daño o mal notable a Venezuela. Civilmente, se usó la violencia. Penalmente, contra Venezuela hubo extorsión porque se la constriñó a suscribir el TA en detrimento suyo, que condujo al fraudulento laudo arbitral de 1899.

En efecto, obsérvese que la violencia y la extorsión son evidentes en los siguientes hechos que narra el sacerdote Hermann González Oropeza, en su obra Dos Aspectos del Reclamo Esequibo (Ciclo de Conferencias de las Academias Nacionales de la Historia y de Ciencias Políticas y Sociales). Afirma que Venezuela se resistió todo cuanto pudo para no aprobar el TA; que el consultor jurídico del Ministerio de Relaciones Exteriores, Dr.

---

[11]   El Universal, 14 de junio de 2022.

Rafael Seijas, en el informe de 4 de mayo de 1900, no vaciló en afirmar que *"los señores Cleveland y Olney hicieron aceptar a esta república, la cláusula de prescripción"*; y *"las bases de este tratado arbitral"*. Scruggs, el agente venezolano, anotó en su diario que Olney, para obtener la aceptación del tratado, *"overawe and buldozze Venezuela"* "aterrorizó y forzó a Venezuela". La prueba de esto reposa en nuestra Cancillería (Carpeta de Informes Posteriores al Laudo).

Reseña González que "Ante esta coyuntura, Venezuela no tuvo más remedio que consentir en el Tratado. Las instrucciones del Ejecutivo para Andrade afirman claramente que sólo se aceptaba el Tratado `por las peligrosas consecuencias del desamparo en que la negativa colocaría a Venezuela´", quien no participó en la redacción del TA. Ni siquiera se oyó su exigencia de que estuvieran presentes jueces venezolanos en el tribunal. Fue en vano que Venezuela insistiera en que se estableciera explícitamente "que la prescripción de 50 años fuera conforme con los principios de derecho internacional, una posesión en nombre del Estado, y en calidad de propietario, pública, continuada, sin interrupción y pacífica. (M.R.E. de Venezuela; Gran Bretaña, vol. 179, p. 118 y ss.)".

Narra el padre González que Andrade "tendría que sorber la amargura del dolor patriótico de ese momento cuando anotaba la reflexión de que la razón de la complacencia de Olney con RU a expensas de Venezuela, se explicaba por el empeño de captar la aprobación de aquella a favor de los términos del Tratado General de Arbitraje entre Gran Bretaña y Estados Unidos, que en esos momentos estaba a punto de firmarse. (M.R.E. de Venezuela: Gran Bretaña, Vol. 179, p. 122 ss.)".

Olney, dice González, "había sellado los labios de Andrade, de modo tal que en el momento de la conversación con Pauncefote (representante británico en Washington), Andrade tuvo que aceptar como 'conveniente hacer caso de la advertencia de Mr. Olney relativa a la prescripción, y guardé silencio acerca de este punto' (M.R.E. de Venezuela; Gran Bretaña, Vol. 179, p. 122 ss.)".

Precisa González que "Esta había sido la desgracia de Venezuela. Se le había exigido al Ejecutivo en términos perentorios que aprobara el Tratado que se había elaborado a sus espaldas, bajo la amenaza de que si no lo aprobaba sería dejada sola, a merced de Gran Bretaña decidida a expandirse a costa de Venezuela. Se le exigió que silenciara la oposición pública al Tratado. Se requirió que se procediera sin dilación para que su firme posición hiciera más fácil su ratificación por el Congreso venezolano".

"Pero de repente, en enero de 1899, cuando se había tenido la sesión preliminar del Argumento Oral de París, estalló como una bomba en el paquete de documentos que los abogados ingleses pusieron ante sus colegas americanos. Presentaban documentos probatorios de que el compromiso entre Olney y Sir Julián Pauncefote había sido que se dejaría al Tribunal la interpretación del Acuerdo de 1850 y que la fecha a partir de la cual se contaba la prescripción era la del Tratado de 1897. Más aún, Gran Bretaña hacía un punto de honor su interpretación y se retiraría del Tribunal si no se accedía a su contención. Venezuela debía retirar su interpretación del Tribunal y por tanto una de las bases fundamentales de su caso".

Sin duda, ¡Venezuela debe demandar la nulidad del TA! Y la CIJ deberá anularlo para no aparecer como institución salvaje y deshumanizada, ejemplo patético de monstruosidad jurídica.

XII.

NULIDAD DEL TRATADO ARBITRAL POR ESTAFA CONTRA VENEZUELA[12]

Venezuela (mandante) confió a EE.UU. (mandatario) su representación frente a RU para redactar las reglas del TA que debían acatar los jueces del Laudo Arbitral de 1899 (LA). Al ponerse de acuerdo EE.UU., representado por su secretario de Estado, Richard Olney, y RU, representada por su embajador en Washington, Julian Pauncefote, el mandatario y consejero de Venezuela incurrió en colusión con RU (pacto fraudulento contra Venezuela).

Olney y Pauncefote, funcionarios públicos cómplices, actuaron contra la justicia y el derecho al insertar reglas no deseadas por Venezuela y que ningún hombre normal (buen padre de familia) hubiera aceptado porque, evidentemente, de antemano se sabía que la dañarían. Olney dejó de hacer lo que hubiese hecho un buen padre de familia. Con artificios engañó a Venezuela, representada por José Andrade, a quien hizo firmar el TA, imponiendo reglas que significaban renuncia de los derechos aquélla.

Explica el sacerdote Hermann González Oropeza que fueron EE.UU. (Olney) y RU (Pauncefote) quienes negociaron y firmaron, el 12 de noviembre de 1896, el documento intitulado *"Bases*

---

12   El Universal, 21 de junio de 2022.

de la Proposición de Tratado entre Gran Bretaña y Venezuela...
acordado por Gran Bretaña y los Estados Unidos", título que,
precisa González, *"es un símbolo de que estos artículos fueron*
el resultado de un compromiso del que Venezuela no se enteró
sino por la prensa".

"El ministro venezolano en Washington, José Andrade, es-
taba informado, aunque muy someramente, de las negociacio-
nes que Olney mantenía con el Reino Unido entre enero y junio
de 1896 referentes a nuestra Guayana; pero en el momento cru-
cial de las mismas (septiembre a noviembre de 1896) fue man-
tenido en completa oscuridad (MRE de Venezuela; Gran Bre-
taña, vol. 174-79)". Señala González que en octubre de ese año
se reiniciaron las negociaciones sobre el TA acerca de los límites, y que a pesar de que Olney sabía ya a que atenerse con respecto a la posición venezolana sobre la prescripción, no mantuvo
una postura firme frente a Pauncefote, sino que tomó una actitud
complaciente con RU.

No importaba, dice González, que el ejecutivo de Venezuela
volviera a repetir que no podía aceptar la cláusula de prescripción *"para no contraer una responsabilidad abrumadora ante*
sí mismo, ante todo el país, ante la América y ante la Historia".
"Olney prosiguió adelante su negociado con Pauncefote, con
absoluta prescindencia de lo que pudiera decir el Gobierno ve-
nezolano". Andrade informó a Caracas, el 3 de noviembre de
1896, sobre tres entrevistas con Olney, y que sus preguntas sobre
el arbitraje eran respondidas con la frase: *"Nada nuevo, el nego-*
cio se está tratando sobre la base que usted sabe". Para esta
fecha *"Olney había ya consentido a todos los deseos ingleses.*
(MRE. Gran Bretaña, t. XXXI)".

"Andrade procuraba asegurarse del alcance de las cláusu-
las de prescripción". Preguntaba a James Storrow, enlace entre
Olney y Andrade. Desde Caracas, dice Andrade, el Gobierno

"volvía a insistir en la imposibilidad de aceptar un tratado sobre esa base, aunque todavía estaba en ayunas de lo que se negociaba a sus espaldas".

Andrade vino a Caracas con una carta del presidente estadounidense Stephen Grover Cleveland para el presidente Joaquín Crespo. Venezuela se resistía a aprobar el TA. Los círculos diplomáticos latinoamericanos se pronunciaban igualmente en contra, y criticaron la debilidad de EE.UU., al descender de su anterior postura de firmeza. Reseña González que *los políticos estadounidenses se pronunciaron en contra, y la prensa de allá presentaba como el dilema del momento venezolano, la alternativa de Presidente o pueblo; pues aunque el Presidente se disponía a aprobar el tratado, la prensa y el pueblo se oponían al mismo*. Olney *"intimó"* a Venezuela a que procediera a detener esas críticas.

Venezuela firmó el TA creyendo que la regla de la prescripción explica González, *"no podía aceptar sino los terrenos comprendidos en el triángulo formado entre la desembocadura de los ríos Moroco, Esequibo y Cuyuní, donde sí podría haber prescripción adversa anterior a 1814, y a la que sí podría atribuírsele una extensión de 50 años"*.

En febrero de 1899, Benjamín Harrison (abogado de Venezuela designado por EE.UU.), ante la pregunta, dentro del juego simulado de cómplices, de si objetaba el planteamiento de la interpretación inglesa de la regla de prescripción, respondió: *"Prefiero no contestar, si me lo permite, después en el caso espero hacerme claro"*. Preguntado, develó su connivencia con Olney al insólitamente responder: *"No pretendo contradecir la interpretación que Sir Richard le otorga a todo ello"*.

En agosto de 1899, interrogado Harrison sobre la prescripción del TA, respondió a Lord Russell (juez británico) con esta frase reveladora de la complicidad: *"...con respecto a la aplicación de esta regla al período de 1814, Venezuela no retiraba su argumento, pero lo sometía al tribunal para su consideración a la luz de la correspondencia diplomática entre Mr. Olney y Sir Julián Pauncefote".*

Bajo la premisa de que Harrison no fue sincero con Venezuela, se evidencia su deslealtad, y que sus pseudo argumentos (no refutaron las afirmaciones del contrincante y eludieron defender a Venezuela) formaron parte de la estructura de la estafa que comenzó 1896, para concretar el TA en 1897 y continuó para alcanzar el Laudo Arbitral de **1899**.

XIII.

TÍTULOS Y PRUEBAS DE VENEZUELA[13]

Por ser Venezuela la propietaria del Esequibo debe contrademandar (reconvenir) por acción reivindicatoria a Guyana, para que la CIJ así lo declare. Los siguientes son algunos de los títulos y pruebas de la propiedad de Venezuela: **1**. La bula del Papa Alejandro VI, de 1493, y el Tratado de Tordesillas en 1494, que establecieron la soberanía de España y Portugal en el Nuevo Mundo. España ejerció control sobre el territorio de la Guayana Esequiba. 2. En 1648, en el tratado de Münster, España cedió a Holanda los establecimientos Demerara, Berbice y Esequibo, sin otorgar derechos al oeste del río Esequibo. 3. En 1794, la Compañía Holandesa de las Indias Occidentales se dirigió al embajador de España en Holanda y afirmó haber salvado a un capitán español y su tripulación a quienes dejó en Moroco, territorio español al oeste del río Esequibo. 4. En 1814, mediante el Tratado de Londres, Holanda cedió a RU el territorio de los establecimientos de Demerara, Esequibo y Berbice. 5. Los mapas hechos en Londres, antes de 1814, cuando RU adquirió de Holanda los mencionados establecimientos al este del río Esequibo, lo señalan como frontera con Venezuela. Así consta en el mapa de Cruz Cano, publicado en 1799 por Francisco de Miranda con el patrocinio de RU. 6. En 1822, Simón Bolívar ordenó a Pedro Gual, canciller de Colombia, que ordenara al representante en

---

13   El Universal, 28 de junio de 2022-

Londres, José Rafael Revenga, protestar ante RU las incursiones británicas en el oeste del Esequibo. Colonos ingleses habían usurpado tierras de Colombia en la margen occidental del río Esequibo, por lo que era necesario que los colonos se colocaran bajo la protección de las leyes colombianas o que se trasladaran al este del río Esequibo. En 1825, RU admitió los alegatos de Colombia y reconoció la frontera entre ésta y el RU. 7. Gran Colombia afirmó muchas veces a RU que su frontera con Guyana Británica era el río Esequibo. Así lo alegaron Francisco Antonio Zea (en 1821); José Rafael Revenga (1823); José Manuel Hurtado (en 1824); y Pedro Gual (en 1825). RU no objetó la afirmación. 8. Como heredera de España, Venezuela, al independizarse, asumió el señorío sobre el mismo territorio que pertenecía a la Capitanía General de Venezuela (CGV) que comprendía todo el territorio español en Guayana, hasta el río Esequibo y la sierra Uassary al sur. 9. El mapa de la Gran Colombia (creada en 1819) incluía todo el Esequibo. Estaba formada, entre 1819 y 1831, por Colombia, Ecuador y Venezuela. 10. El mapa de Shomburgk de 1835, trazado por encargo de RU, señala el río Esequibo como frontera entre Venezuela y Guyana Británica. 11. En 1836, el representante británico en Caracas recomendó a Venezuela colocar un faro en Punta Barima, reconociendo la propiedad de Venezuela. 12. Cuando en 1840 surgió la controversia entre Venezuela y RU, porque éste corrió la frontera hacia el oeste en territorio venezolano, e hizo otro mapa con Shomburgk (1840), Venezuela protestó y RU aceptó el reclamo y retiró los hitos. La falsificación de mapas es prueba de que RU nunca fue propietario al oeste del río Esequibo. 13. En 1845, cuando se firmó en Madrid el tratado de reconocimiento de la independencia de Venezuela, España se refirió a todo el territorio conocido bajo el nombre de CGV, que incluía la provincia de Guayana, la cual, según las Cédulas Reales Españolas, en particular la de 4 de junio de 1762, tenía por límite oriental el

Esequibo. 14. En 1850, para evitar nuevas usurpaciones, Venezuela aceptó un *modus vivendi* donde ambas partes se obligaron a abstenerse de hacer agresiones y usurpaciones en el territorio disputado, es decir, mantener el *statu quo* en el área (141.930 Km²) entre el río Esequibo y la nueva línea Shomburgk de 1840. 15. En 1859, Brasil y Venezuela firmaron un tratado donde se reconoce a ésta la propiedad de toda la cuenca del río Esequibo. 16. En 1869, RU invitó a EE.UU. a repartirse el territorio de Venezuela, y le ofreció todo el oeste, hasta Colombia, desde la línea recta perpendicular iniciada en la desembocadura del río Neverí en el mar (estado Anzoátegui), que baja hacia el sur y atraviesa el río Orinoco hasta Brasil. *"Las acciones militares para la ocupación de todo el territorio de Venezuela, se prevén sumamente fáciles y simples de desarrollar, dado el estado de impotencia y anarquía en que se encuentra"*. El Presidente Ulysses Grant respondió: *"Es principio indeclinable de EEUU la doctrina del Presidente James Monroe, América para los Americanos"*. Esto corrobora que RU no era propietario. 17. La situación se mantuvo inalterada hasta 1880, cuando se descubrieron yacimientos auríferos en la región del Yuruari. Entonces, RU apareció con la tercera línea Shomburgk como frontera, más hacia el oeste, ahora con 167.830 Km². 18. Esa tercera línea fue denominada por RU "segunda de Shomburgk de 1887", la cual reproduce el mapa falsificado en 1842 por el señor Hebert. 19. Luego, ya ni siquiera esa línea de 1887 satisfacía a RU, pues siguió avanzando hasta considerar que su frontera era una nueva línea en la costa hasta Upata en territorio venezolano, ahora usurpando 203.310 Km². Entonces, Venezuela rompió relaciones diplomáticas. Diego Bautista Urbaneja señaló el cúmulo de usurpaciones. 20. En 1887, el Congreso Nacional de Venezuela emitió un acuerdo objetando toda negociación mientras no sea evacuado el territorio entre Pomarón y el Orinoco. 21. El hecho de que se cometieron varios delitos contra Venezuela, no solo la falsificación de mapas y extorsión (violencia), sino la estafa con la estructura del Tratado Arbitral de 1897 (TA) al incluir confusamente la regla *uti possidetis iuris* (medio seguro para fijar fronteras), consciente RU de que la regla protegía a Venezuela. Por lógica, el TA, por arbitrario, indica que la propietaria es Venezuela. Por carecer de títulos de propiedad, Guyana demandó que la CIJ declare la validez del írrito Laudo Arbitral de 1899. Es su único soporte. En su memoria (demanda), Guyana no menciona títulos.

XIV.

ARDIDES PROCESALES DE GUYANA[14]

En su memoria (demanda), Guyana pide que la CIJ declare la validez del Laudo de 1899. Consciente de la debilidad de esa tesis (sabe que el laudo es írrito), intentando darle fuerza, agregó en la demanda la validez del "Acuerdo de 1905". Evidentemente, demandó la validez de ese mal denominado "Acuerdo" para forzar el hecho (inventado) de que Venezuela reconoció el laudo porque fijó con RU, en 1905, los límites que ordenó dicho laudo, y que, con tal aceptación, Venezuela renunció al derecho de reclamar el territorio, dando a entender que fue aquiescente o pasiva. De mala fe, Guyana acumuló en su memoria dos acciones en el literal "a", al demandar que se declare que "a) *El Laudo de 1899 es válido y vinculante para Guyana y Venezuela, y el límite establecido por ese Laudo y el Acuerdo de 1905 es válido y vinculante para Guyana y Venezuela*". Para desvirtuar eso, Venezuela, en su contramemoria, debe alegar y probar (anexar lista de reclamos) que nunca aceptó el laudo y protestó en forma inequívoca, oportuna y reiterada.

Guyana insiste en el literal "b)" al demandar que la CIJ declare que "*Guyana disfruta de plena soberanía sobre el territorio entre el río Esequibo y el límite establecido por el Laudo de 1899 y el Acuerdo de 1905…*". Aquí la falacia es intentar hacer

---

14   El Universal, 5 de julio de 2022.

ver que la frontera fue determinada por el laudo y (conjunción copulativa) por *"el Acuerdo de 1905"*, lo cual es falso, pues éste no es una convención sino la ejecución de aquél. La segunda falacia es que *"disfruta de plena soberanía sobre el territorio", lo cual no es cierto porque Guyana no es libre de fijar absolutamente sus competencias en el territorio disputado, tanto por existir el Acuerdo de Ginebra de 1966 (AG), producto de la disputa jurídica y diplomática, como porque el territorio es objeto de litigio en la CIJ. En su demanda, Guyana hace ver "el Acuerdo"* como equivalente a un tratado o convenio. Si tenemos presente que el acuerdo es *"una manifestación de voluntades concordantes imputables a dos o más sujetos de Derecho Internacional de la que derivan obligaciones y derechos para las partes según las normas del Derecho Internacional"*, la conclusión es que *"el Acuerdo de 1905"* no calza en esa definición, es decir, no es un acuerdo ni un tratado ni un convenio, pues la verdad es que lo ocurrido en 1905 es un accesorio del laudo en el que se determinó la frontera; es la consecuencia o ejecución de él, y forman una unidad.

Escribió Manuel Donís Ríos que *"en julio de 1900 la Legación Británica en Caracas notificó al Gobierno venezolano que, si no enviaba su comisión demarcadora antes del 3 de octubre, Gran Bretaña procedería a la demarcación unilateral. Así lo hicieron y los comisarios venezolanos tuvieron que incorporarse en noviembre del mismo año"*. Anotó el vicealmirante Elías Daniels que existe el *"acta de demarcación, firmada en Georgetown el 10 de enero de 1905, exponiendo los resultados del trabajo de las comisiones anglo-venezolanas en la demarcación de la frontera de los dos territorios"*. Por tanto, lo que se elaboró fue *"un acta"*, la cual no es un acuerdo porque no contiene obligaciones ni derechos, y tampoco es un *"acuerdo no normativo"*. Como se trata de la ejecución de laudo, la demarcación debió ordenarla el Tribunal Arbitral a prácticos agrimensores. No correspondía a RU ni a Venezuela demarcar el territorio, y tampoco RU solo debido a que amenazó a Venezuela con hacer unilateralmente la demarcación. El acta no fue un cumplimiento voluntario, sino forzado con presión de RU, incluso militarmente amagada. El "Acuerdo de 1905", invocado por Guyana, es nulo (por la violencia), lo cual debe contrademandar Venezuela, independientemente de que, como accesorio que es dicho evento, al anularse lo principal (el laudo) es nulo automáticamente el evento. El corolario es que demandar que se declare la validez del acta de 1905 es un sofisma, un ardid, con miras a hacerlo ver como un tratado que incluye el consentimiento de Venezuela, lo cual es falso.

Tan cierto es que el acta de 1905 no incluye el reconocimiento del laudo ni consentimiento alguno de Venezuela que, como prueba indeclinable de su protesta, en todo caso, como lo ordena el articulo I del AG, se estableció el objetivo de buscar soluciones satisfactorias *"para el arreglo práctico de la controversia entre Venezuela y el Reino Unido surgida como consecuencia de la contención venezolana de que el Laudo Arbitral de 1899 sobre la frontera entre Venezuela y Guayana Británica es nulo e irrito"*. Y el artículo V del AG ordena, para facilitar el mutuo entendimiento, que *"nada de lo contenido en este Acuerdo será interpretado como una renuncia o disminución por parte de Venezuela, el Reino Unido o la Guayana Británica de cualesquiera bases de reclamación de soberanía territorial en los territorios de Venezuela o Guayana Británica o de cualesquiera derechos que se hubiesen hecho valer previamente, o de reclamaciones de tal soberanía territorial o como prejuzgando su posición con respecto a su reconocimiento o no reconocimiento de un derecho a reclamo o base de reclamo por cualquiera de ellos sobre tal soberanía territorial"*. En el AG, las partes otorgaron vigencia al pleito al punto de que cerraron el paso a cualquier tesis referida a desistimientos tácitos o renuncia a reclamar territorio o que se pueda pensar en conducta de no protesta. En síntesis, el AG inyectó protuberancia al reclamo de Venezuela.

XV.

EMBOSCADA DE GUAYANA CON LA DOCTRINA ESTOPPEL[15]

Cuatro de los cinco petitorios de la demanda de Guyana contra Venezuela, se basan en la validez del mal denominado por Guyana "Acuerdo de 1905", en el que el RU y Venezuela ejecutaron la orden del Laudo Arbitral de 1899 para demarcar los límites.

Guyana intenta aparentar en su demanda que, con ese "Acuerdo de 1905", Venezuela reconoció el laudo, buscando (sin decirlo) que la CIJ aplique la doctrina Estoppel, la cual niega la posibilidad de que un Estado obtenga la nulidad de un tratado, de una sentencia, o de un laudo arbitral, si luego de conocer sus vicios, el Estado afectado ha continuado voluntariamente y sin objeciones con las estipulaciones del tratado o de la sentencia, o ha ejecutado actos o firmado documentos que impliquen una aceptación expresa de los mismos. Vale decir, Guyana busca hacer ver que con el "Acuerdo de 1905" Venezuela aceptó el laudo. ¡Esta es la celada que viene tejiendo Guyana! El plan guyanés se observa en su demanda, presentada ante la CIJ en marzo de 2018, y en la respuesta del Primer Ministro, Burnham, dada a Venezuela en 1966. Veamos: el 26 de mayo de 1966, día de la independencia de Guyana, Venezuela, representada por el

---

[15]   El Universal, 12 de julio de 2022.

canciller, Ignacio Iribarren Borges, reconoció al nuevo país *"con la debida reserva que en esta nota se explica"*, e indicó que, de conformidad con el Acuerdo de Ginebra, de febrero de 1966, Guyana pasa a formar parte de dicho Acuerdo, y precisa que el reconocimiento *"no implica por parte de nuestro país renuncia o disminución de los derechos territoriales reclamados, ni de ninguna manera afecta los derechos de soberanía que se desprenden de la reclamación surgida de la contención venezolana de que el llamado Laudo Arbitral de París de 1899 sobre la frontera entre Venezuela y la Guayana Británica, es nulo e írrito. Por lo tanto, Venezuela reconoce como territorio del nuevo Estado el que se sitúa al este de la margen derecha del río Esequibo, y reitera ante el nuevo país y ante la comunidad internacional, que se reserva expresamente sus derechos de soberanía territorial sobre toda la zona que se encuentra a la margen izquierda del precitado río..."*.

La respuesta de Guyana se tardó, la estudiaron palabra por palabra, y el 19 de agosto de 1966, representada por L.F.S. Burnham, Primer Ministro, respondió que su Gobierno *"observa con pesar que el Gobierno de Venezuela haya descrito la línea media del río Esequibo como la frontera occidental del estado de Guyana, en contradicción con el Acuerdo de 1905 resultante de los trabajos de la Comisión Demarcadora de la frontera, la cual dispuso y delimitó la frontera oeste de la colonia de Guayana Británica a lo largo de los ríos Cuyuní y Venamo... El territorio que se extiende entre la línea media del río Esequibo por el este y la frontera de la antigua Colonia de Guayana Británica a lo largo de los ríos Cuyuní y Venamo por el oeste, estaba incluido, con anterioridad al 26 de mayo de 1966, tanto jurídica como administrativamente, dentro de la antigua Colonia de Guayana Británica y forma parte del estado de Guyana... el Gobierno de Guyana tiene el propósito... de cumplir todas sus obligaciones de dicho Convenio"*.

Al margen de que es falso que la *"Comisión Demarcadora"* haya dispuesto y delimitado la frontera, pues ello lo ordenó el laudo, la mala fe de Guyana es patente, porque basa su demanda no solo en que se declare la validez del Laudo de 1899 (pretensión entendible), sino también en que se declare la validez del "Acuerdo de 1905", intentando dar fuerza a aquél, lo cual es malicioso (por absurdo) porque éste no es un acuerdo ni convenio, sino la ejecución del laudo. La pretensión de validez del laudo, Guyana la acumuló a la de la validez del "Acuerdo de 1905" (acumulación de acciones). El principio de la buena fe, consagrado en la Convención de Viena, incluye el abuso de derecho, el cual se verifica cuando se demanda algo con temeridad (conciencia de la sinrazón) como lo es la pretensión acumulada de la validez del Acuerdo de 1905. Con esta maniobra, como traqueotomía infructuosa, Guyana pretende dar vida al laudo con el "Acuerdo de 1905", para que la CIJ aplique la doctrina Estoppel; violando así, Guyana, el principio general, no solo de que el laudo (punto principal) y dicho "Acuerdo" (efecto y accesorio del laudo) constituyen una unidad, sino también infringiendo principios sobre las nulidades, en razón de que Guyana, entre bastidores, pretende otorgar al "Acuerdo", valor de confirmación o ratificación, lo cual no es válido porque no se refiere o no contiene la sustancia o el motivo que hace que el laudo sea nulo, por lo cual, precisamente, el "Acuerdo" no contiene declaración de que se trata de rectificar los vicios sobre los cuales Venezuela alega la nulidad del laudo. Además, para aplicar la doctrina *Estoppel* se requiere la concurrencia de dos requisitos: el comportamiento de un Estado respecto de un acto o de una situación y el hecho de que ese comportamiento haya conducido a otro Estado, que se basó en ello de buena fe, a modificar su posición de una manera tal que sufrió un perjuicio o que vio disminuido sus derechos, requisitos que no se cumplen en este caso. Y por si fuera poco, es principio de derecho que no se puede hacer desaparecer por ningún acto confirmatorio los vicios de un acto absolutamente nulo por falta de formalidades, como ocurre con el Laudo de 1899. ¡Venezuela ganará y recuperará su territorio!

XVI.

LA MAGIA DEL ACUERDO DE GINEBRA[16]

Agazapada, Guyana busca que CIJ aplique contra Venezuela la jurisprudencia del templo *Preah Vihear,* de 1962, caso en el que sentenció a favor de la demandante Camboya y dictaminó contra Tailandia que dicho templo estaba situado en territorio de aquella. Camboya invocó un mapa en el que aparece *Prea Vihear* en su territorio. Tailandia alegó que el mapa no era obligatorio, que nunca lo aceptó y que si lo hizo fue por error.

La CIJ consideró que el mapa no tenía carácter obligatorio, pero que, según los antecedentes, se desprendía en forma evidente que el mapa había sido transmitido al Gobierno de Tailandia como el resultado de los trabajos de delimitación, y que como durante muchos años no hubo ninguna reacción de las autoridades tailandesas, debía considerarse que dieron su asentimiento, a través del ministro del Interior y de los gobernadores de provincia. Dijo la CIJ que si Tailandia había aceptado el mapa sin hacer investigaciones, no podía ahora invocar un error que viciara la realidad de su consentimiento.

Guyana pretende que la CIJ aplique la referida jurisprudencia, y declare, además de la validez del Laudo de 1899 que despojó a Venezuela, que *"el Acuerdo de 1905 es válido y vinculante para Guyana y Venezuela"*. Reitero que éste no es un

---

[16] El Universal, 19 de julio de 2022.

"Acuerdo" o contrato, sino únicamente el acta elaborada en ejecución del laudo (fijación de los postes con las coordenadas ordenadas por él), firmada en Georgetown por agrimensores venezolanos y británicos. Absurdamente, Guyana quiere que esta acta sea prueba de que Venezuela aceptó el laudo.

Aplicar a Venezuela la jurisprudencia *Preah Vihear,* u otra similar, sería violar la verdad jurídica objetiva porque existe la potente verdad que es el Acuerdo de Ginebra (AG), que protege contra emboscadas que blandan "aquiescencias" o aceptaciones tácitas aisladas de Venezuela. En efecto, el AG es una pared de hierro contra maniobras de esa naturaleza, caracterizado, en primer lugar, por su causa, que es la contención venezolana de que el la es nulo e írrito; en segundo lugar, por su espíritu de satisfacer la justicia teniendo en mira la verdad, la lógica, la buena fe y los principios de derecho; y en tercer término, por su propósito (intención de las partes), que es determinar la frontera mediante un arreglo práctico o la solución judicial

Por tanto, apartarse de esos vectores sería incurrir en fraude procesal, sea la CIJ, o Guyana o el Reino Unido de Gran Bretaña e Irlanda del Norte (RU), al que, por cierto, Venezuela debe demandar y traer al pleito como tercero, por ser común a éste el juicio y debatir con él los títulos de propiedad, y responsabilizarlo de las consecuencias del proceso, eventualmente fraudulentas (pido a Dios que no, y que los magistrados hagan gala de sus conocidos méritos), partiendo de la premisa de que el RU aportará la verdad como si tuviera interés en sostener las razones de alguna de las partes, así esté a favor de Guyana y pretenda ayudarla a vencer.

Percatados de que no es la CIJ el lugar para conseguir el arreglo práctico, está obligada a decidir, aplicando el derecho, si el Laudo y el "Acuerdo de 1905" son válidos y vinculantes o nulos.

El AG, al aceptar la revisión del laudo, puso en duda su carácter de "cosa juzgada", es decir, el RU aceptó revisarlo y es lo que hará la CIJ ante la pretensión guyanesa de que declare su validez.

Mientras más alegatos aporten los guyaneses y británicos, mejor para Venezuela. Por eso, propongo presentar la mayor cantidad posible de demandas contra Guyana, pues, sin duda, estratégicamente, Venezuela necesita un juicio "tormenta", "estridente", y que utilice su fuerza comunicacional para que el mundo conozca los detalles y surja la verdad antes y después del memorándum de Severo Mallet-Prevost, toda vez que a raíz de éste fue que Venezuela pudo comprobar la información que sirvió para formalizar el reclamo territorial contra el Laudo de 1899, el 12 de noviembre de 1962, con el canciller Marcos Falcón Briceño, ante la XVII Asamblea General de la ONU, lo cual provocó que el RU aceptara revisar los documentos, y se hicieran dos conferencias ministeriales en Londres, en 1963 y 1965, y una en Ginebra en 1966, naciendo aquí el AG.

El corolario es que el AG impide aplicar la doctrina Estoppel o pensar en "aquiescencias" de Venezuela relacionadas con su comportamiento, sea por el mal denominado por Guyana "Acuerdo de 1905", ora por mapas confeccionados por Venezuela para cumplir el laudo (sin que todavía apareciera marcada la zona reclamada) o por cualquier otra conducta que algunos abogados califiquen como "nuestras vulnerabilidades", sencillamente, porque cualquiera de esas conductas fue borrada porque chocaría con la buena fe, con la verdad y con el propósito, espíritu y razón del AG.

XVII.

VENEZUELA DEBE DEMANDAR AL RU[17]

El plan para invadir el territorio de Venezuela incluyó mapas falsos elaborados por Robert Shomburgk para el RU. Venezuela explicó en el juicio del Laudo Arbitral de 1899 (LA) lo de la *Línea Original Schomburgk* de 1839 en el que el RU se adjudicó 141.930 Km². En 1886, el RU publicó el otro mapa de Schomburgk, ahora con 167.830 km². Los 159.500 Km² que fijó el LA comienzan desde la costa de Punta de Playa corriendo en línea recta hacia el río Barima y su unión con el río Mururuma

El mapa de 1886 fue consignado por el RU en el juicio, y aunque el LA no lo menciona (absolutamente inmotivado) aceptó casi todas sus coordenadas y límites, es decir, le dio valor al documento falsificado. Por tanto, el RU usó el documento falso, sea para engañar a los jueces o por colusión con ellos (fraude procesal y abuso de poder); y el LA aceptó el mapa. Prueba de la falsificación radica en el cambio grosero entre el mapa de la *Línea Original de Shomburgk* (línea de norte a sur que corta el río Cuyuní a 80 millas al oeste del río Esequibo), de lo cual Lord Palmerston (dominó los asuntos exteriores británicos desde 1830 hasta 1865. Fue Primer Ministro entre 1855-58 y 1859-65) indicó a Lord John Russell (Primer Ministro entre 1846 y 1852, y luego entre 1865 y 1866) *"que se*

---

17   El Universal, 26 de julio de 2022.

trazara un mapa de la Guayana Británica según los límites descritos por Mr. Shomburgk" (Alegatos Venezolanos, V. III, p. 77).

El LA aceptó el mapa adulterado de 1886, y en virtud de que Guyana demanda que la CIJ declare la validez del LA, la conclusión es que Guyana está usando (tiempo presente) el mapa falso así como también el LA infectado por dicho mapa, y que, por tanto, estamos ante delitos permanentes que nacieron en la época del laudo, cuyas acciones no están prescritas porque la prescripción comenzará a correr, como lo dice el tratadista Giuseppe Maggiore, "desde el momento en que cesa el estado anti-jurídico", el cual hoy es virulento ante la CIJ. Esto significa que cuando el RU consignó, en 1899, el mapa falso, comenzó la prolongación indefinida del delito de uso de documento falso, que consiguió su objeto cuando se dictó la sentencia, y se mantendrá hasta que la CIJ dicte la sentencia definitiva.

Como dice Maggiore, *"El delito se llama instantáneo cuando la acción se extingue en un solo momento, es decir, cuando coincide con la consumación"*. Al cerrarse el proceso ejecutivo, el agente ya no tiene ningún poder ni para prolongarlo ni para hacerlo cesar. Obsérvese, pues, el poder del nuevo usuario (Guyana), que aun pudiendo hacer cesar los efectos del documento falso, reitera su valor al pretender la validez del LA.

Siendo que el RU consignó sus pruebas en el juicio en siete volúmenes y un atlas, y Venezuela en tres volúmenes y un atlas, ésta debe solicitar que todas las pruebas sean traídas al juicio, y debe demandar al RU, mediante intervención forzada (de ser posible), para obligarlo a ser parte en el juicio y poder exigirle la exhibición de mapas, los informes o memorias de ellos, oficios, cartas, etc. De no ser posible forzar la intervención (el instituto no está previsto en el Estatuto ni en el Reglamento de la CIJ), entonces Venezuela debe demandar aparte al RU (y también a Guyana) para que luego se acumulen los expedientes.

En efecto, demandar que la CIJ declare que: A) durante cuarenta y cuatro años el mapa oficial del RU, que fijó el límite entre la Guayana Británica y Venezuela, fue el de la *Línea Original de Shomburgk* de 1839. B) dicha línea estuvo vigente desde 1839 hasta 1886, como pretensión del RU en la disputa con Venezuela. C) en 1886, el RU cambió esa línea por la *Línea Ensanchada de Shomburgk*. D) en 1886, el RU publicó por primera vez dicha línea, declarando que era la única Línea de Shomburgk. E) reconozca como elaborados por él los dos mencionados mapas que se anexan a la demanda. F) ambos mapas son falsos, no se ajustan a la verdad, porque el RU no tenía títulos para elaborarlos.

Trascendente será que la Sala Constitucional del TSJ, por tener casos semejantes para decidir, fije posición sobre las diferencias entre los delitos instantáneos, continuados y permanentes, toda vez que los perpetrados en París, en 1889, son permanentes, vale decir, las acciones no están prescritas a pesar del tiempo transcurrido, e independientemente de la muerte de los primeros culpables, dado que existen nuevos usuarios que son los que hoy invocan el LA. Venezuela debe impugnar los mapas falsos y tiene derecho a que se esclarezcan los hechos punibles.

XVIII.

EL RECLAMO PERMANENTE DE VENEZUELA[18]

La esperanza de Guyana de que la CIJ declare la validez del Laudo Arbitral de 1899, y consolide como suya la propiedad del territorio despojado a Venezuela, está concentrada en que ésta, desde esa fecha, aceptó tácitamente esa sentencia, por lo que busca asirse al comportamiento y declaraciones de nuestro país para argumentar a su favor que el laudo se consolidó por las aquiescencias de Venezuela.

La expectativa de Guyana es débil porque no le favorece la jurisprudencia de la CIJ del caso *Preah Vihear*, y tampoco la de la plataforma continental del Mar del Norte, litigado por Dinamarca y el Reino de los Países Bajos contra Alemania. Aquellos alegaron la aplicabilidad del artículo 6 de la Convención de Ginebra Sobre Plataforma Continental de 1958 (delimitación cuando una misma plataforma continental sea adyacente al territorio de dos o más Estados cuyas costas estén una frente a la otra), y Alemania alegó que no le era aplicable porque no la ratificó. Su contraparte adujo que, si bien ello era cierto, también lo fue que Alemania asumió las obligaciones de la Convención por su comportamiento y declaraciones públicas.

---

[18] El Universal, 2 de agosto de 2022.

La CIJ arguyó que solo un comportamiento muy definido y consistente, por parte de un Estado en la situación de Alemania, podía justificar el argumento anterior; y que, cuando varios Estados elaboraban una Convención en la que se especificaba un método particular para manifestar la intención de obligarse por el régimen de la Convención, no podía presumirse a la ligera que un Estado que no hubiera cumplido esas formalidades había quedado obligado, y que si Alemania hubiera ratificado la Convención, podría haber presentado una reserva al artículo 6. La CIJ argumentó que Dinamarca y el Reino de los Países Bajos tendrían razón si Alemania no solo hubiera indicado claramente su aceptación, sino que también hubiera sido la causa de que sus contrincantes, basados en ese comportamiento o declaraciones, hubieran modificado de manera perjudicial su posición o sufrido algún otro perjuicio. No existía prueba alguna de ello. Por tanto, el artículo 6 de la Convención no era aplicable al caso.

Guyana viene compilando comportamientos de Venezuela para intentar encuadrarlos en los supuestos de la aceptación tácita del LA. Su base principal comienza por el hecho de que Venezuela y RU, entre 1900 y 1905, fijaron los postes limítrofes en los términos que ordenó el LA, pasando luego a la historia de que los gobiernos de Juan Vicente Gómez, Eleazar López Contreras e Isaías Medina Angarita fueron omisos o tímidos debido a las circunstancias bélicas imperantes, cuando la verdad es que Venezuela persistentemente reclamó la usurpación anglosajona. Venezuela, al contestar la demanda, debe enumerar todas las protestas realizadas contra el laudo, por ejemplo: 1) que, en octubre de 1939, surgió el reclamo de Venezuela en Panamá (después que el Dr. Carlos Álamo Ibarra, en 1939, discurseó contra el LA ante la Academia de Ciencias Políticas y Sociales. 2) que Venezuela, en Panamá (1939), dejó constancia (en alusión a Guyana) en la Resolución adoptada para el caso de que se produjeran cambios de soberanía en regiones americanas. 3) que en La Habana (1940) se suscribió, con la iniciativa de Venezuela, la Convención Sobre Administración Provisional de Colonias y Posesiones Europeas en América. 4) que el presidente Medina condecoró (Nueva York, enero 1944) al abogado de Venezuela, Severo Mallet-Prevost; y el embajador de Venezuela en EE.UU., Dr. Diógenes Escalante, en su discurso, dijo: *"Venezuela, víctima de sus disturbios internos y de su debilidad, estuvo prácticamente sola en su defensa. En aquel negro instante sólo una voz amiga, además de la suya propia, se alzó en su defensa: la de Severo Mallet-Prevost. Fue aquella una voz fuerte y docta, pero una sola en el proceso arbitral... en el corazón de cada venezolano hay una esperanza imperecedera de que algún día prevalecerá en el mundo el espíritu de la equidad y que éste nos traerá la reparación amistosa que en justicia y moralmente se nos debe"*. 5) que durante la presidencia de Medina resonó el grito *"El Esequibo es nuestro"*; y, en 1944, el Dr. Manuel Egaña, presidente del Congreso Nacional, afirmó: *"Quiero recoger y confirmar el anhelo de revisión de la sentencia por la cual el imperialismo inglés nos despojó de una gran parte de nuestra Guayana"*. 6) lo propio hizo el presidente de la Cámara de Diputados, Dr. José Antonio Marturet. 7) en 1951, en Washington, el canciller venezolano, Luis Emilio Gómez Ruiz, fue enfático por las circunstancias que prevalecieron cuando fue señalada la línea fronteriza con la Guayana Británica, en cuanto a hacer valer *"sus justas aspiraciones de que se reparen conforme a una rectificación equitativa, los perjuicios sufridos por la nación en dicha oportunidad"*. 8) En 1954, el canciller Aureliano Otañez protestó en conferencia de la OEA, celebrada en Caracas. 9) En 1956, el canciller José Loreto Arismendi ratificó la posición venezolana sobre los límites del territorio Esequibo a raíz de la formación de la Federación Británica del Caribe.

Por su comportamiento o declaraciones, Venezuela jamás ha aceptado el LA; y, además, es impensable que Guyana, basándose en el comportamiento de Venezuela haya modificado de manera perjudicial su posición o haya sufrido algún otro perjuicio. Ninguno de estos requisitos que exige la CIJ existe en este caso.

XIX.

GUYANA-VENEZUELA Y EL JUICIO HONDURAS-NICARAGUA[19]

Venezuela protestó continuamente desde el momento en el que conoció el fatídico Laudo Arbitral de París de 1899 (LA), el cual debería estar incluido en el *World Guinness Record* por su contenido injusto y por ser quizás la sentencia más fraudulenta en la historia del arbitraje, producto de la conspiración de varios malhechores decididos a pisotear los derechos de una débil nación.

En la CIJ, Guyana busca sorprender a Venezuela mediante la aplicación de la jurisprudencia de los denominados "actos unilaterales de los Estados" (doctrina Estoppel), intentando configurar un silencio o actitud pasiva de Venezuela por supuesta ausencia de reacción ante el LA, lo cual es falso porque Venezuela siempre reclamó.

En noviembre de 1894, Honduras y Nicaragua firmaron el Tratado Gámez-Bonilla, mediante el cual sometieron a arbitraje su controversia de límites. Cada país designó una persona, y las dos escogieron como árbitro al rey de España, quien dictó su laudo arbitral el 23 de diciembre de 1906 a favor de Honduras.

---

19   El Universal, 9 de agosto de 2022.

En 1957, cincuenta y un años después, auspiciados por la OEA, Honduras y Nicaragua presentaron ante la CIJ su disputa acerca de la validez o nulidad del laudo. En noviembre de 1960, la CIJ sentenció que el laudo era obligatorio en todas sus partes.

Nicaragua solicitó la nulidad del laudo alegando: 1) Irregularidades en el nombramiento del Rey como árbitro. 2) Exceso de poder en la elaboración del laudo. 3) Error del Rey en la apreciación de los documentos y otras pruebas. 4) Que el laudo no se podía ejecutar por existir contradicciones y oscuridades.

El principal argumento de la CIJ, para desestimar esas defensas y declarar la validez del laudo, consistió en las continuas demostraciones de aceptación y reconocimiento del laudo, y que solo fue a partir de 1912 cuando Nicaragua expresó su protesta y criticó la decisión. Es decir, que desde 1906 hasta 1912 (seis años) estuvo pasiva, sin reaccionar

Los días 5 y 7 de octubre de 1904, los presidentes de Honduras y de Nicaragua, respectivamente, expresaron complacencia por el nombramiento del Rey. El 17 de diciembre de 1904, Nicaragua informó de este nombramiento a dos países amigos. El canciller nicaragüense expresó gratitud a España en nota del 21 de diciembre de 1904.

En cuanto a la aceptación del laudo, la CIJ señaló que el 25 de diciembre de 1906, el presidente de Nicaragua envió un telegrama al de Honduras, por medio del cual lo felicitó por ganar el litigio; y observaba que la controversia de fronteras quedó resuelta satisfactoriamente. Nicaragua alegó que su Presidente no estaba por entonces enterado del contenido del laudo; pero la CIJ afirmó que por medio de telegrama de su canciller en Madrid, el 24 de diciembre de 1906, el Presidente conoció el curso que tenía la línea de frontera, y que, además, Nicaragua publicó el laudo en la Gaceta Oficial el 28 de enero de 1907.

Enseguida, la actitud de Nicaragua continuó siendo de aceptación del laudo (después se limitó a solicitar aclaratorias de dudas). En ese sentido de aceptación está el mensaje del presidente a la Asamblea Nacional Legislativa del 21 de diciembre de 1907, y el decreto de aquélla emitido el 14 de febrero de 1908.

La CIJ desestimó los alegatos nicaragüenses sobre el nombramiento irregular del Rey, con base en que Nicaragua: 1) convino libremente en su designación; 2) no objetó la jurisdicción del Rey, ni por la irregularidad de su nombramiento ni con fundamento en la expiración del Tratado Gámez-Bonilla; 3) participó en el procedimiento arbitral. En 1912, el ministro de Relaciones Exteriores de Nicaragua declaró que el laudo no fue claro ni válido, y que fue compulsivo. Esta fue la primera protesta contra el Laudo de 1906. Para la CIJ, el artículo VII del Tratado Gámez-Bonilla, significó que Nicaragua reconoció la obligatoriedad del laudo, y por lo tanto no podía retroceder.

Como Nicaragua no promovió durante varios años (de 1906 a 1912) cuestión alguna relativa a la validez del laudo, la CIJ decidió que este silencio confirmó su aceptación de la obligatoriedad de dicho instrumento; y señaló que aun cuando se hubiesen presentado reclamaciones en tiempo oportuno, el laudo es válido.

Nicaragua también alegó que el laudo era nulo como consecuencia de un error esencial, pero la CIJ sostuvo que la evaluación de los documentos y otras pruebas correspondía a la facultad discrecional del árbitro, y que por lo tanto dicha evaluación quedaba fuera del debate. Nicaragua señaló que el rey de España había excedido sus poderes porque no cumplió las reglas del artículo II del Tratado Gámez-Bonilla, pero la CIJ negó que el árbitro hubiera sobrepasado los poderes que las partes le confirieron.

Dentro de ese tipo de envoltura de la *"aquiescencia"* (Estoppel) Guyana estima poder envolver a Venezuela; pero a ésta no le es aplicable esa jurisprudencia porque jamás avaló el LA. Tan es así que, en 1899, su agente ante el tribunal arbitral, J.M. Rojas, calificó el fallo como *"derisory and manifest injustice"* (irrisoria y manifiesta injusticia); y el presidente de Venezuela, Ignacio Andrade, en 1899, afirmó que *"el laudo sólo había restituido a Venezuela una parte de su territorio usurpado"*.

XX.

LA INEPTA ACUMULACIÓN DE GUYANA CON "EL ACUERDO DE 1905"[20]

En la solicitud de inicio del procedimiento presentada por Guyana contra Venezuela ante la CIJ, alega que -de acuerdo con el Tratado de Arbitraje de Washington de 1897- el Laudo Arbitral de 1899 (LA) *"fue un completo, perfecto, y definitivo arreglo de todos los asuntos relacionados con la determinación de los límites entre la colonia británica de Guyana y Venezuela"*. También alega: *"Entre noviembre de 1900 y junio de 1904, una comisión anglo-venezolana identificó, demarcó y fijó permanentemente el límite establecido por el Laudo de 1899. El 10 de enero de 1905, los comisionados firmaron una declaración conjunta y acompañaron mapas de acuerdo con el Laudo Arbitral de 1899"*. Guyana, abusiva y fraudulentamente, califica dicha declaración conjunta como "Acuerdo de 1905", cuando, en verdad, no es un acuerdo ni un contrato, pues es la ejecución coactiva del LA de colocación de hitos, orden que fue acompañada con la presión del bloqueo naval británico que comenzó el 8 de diciembre de 1902, del cual el vicealmirante inglés, Archibald Lucas Douglas, expresó en el diario La Guaira: *"Por la presente se notifica que un bloqueo ha sido declarado para los puertos de La Guaira, Carenero, Guanta, Cumaná, Carúpano y las bocas del Orinoco, y se hará efectivo desde y después del 20 de diciembre"*.

---

[20] El Universal, 16 de agosto de 2022.

Guyana demandó que la CIJ declare: "a) El Laudo de 1899 es válido y vinculante… y el límite establecido por ese Laudo y el Acuerdo de 1905 es válido y vinculante… b) Guyana disfruta de plena soberanía sobre el territorio entre el río Esequibo y el límite establecido por el Laudo de 1899 y el Acuerdo de 1905… Guyana y Venezuela tienen la obligación de respetar plenamente la soberanía e integridad territorial de cada uno de acuerdo con la frontera establecida por el Laudo de 1899 y el Acuerdo de 1905. c) Venezuela se retirará inmediatamente y cesará su ocupación de la mitad oriental de la isla de Anakoko, y de todos y cada uno de los demás territorios reconocidos como territorio soberano de Guyana de conformidad con el Laudo de 1899 y el Acuerdo de 1905. d) Venezuela se abstendrá de amenazar o usar la fuerza contra cualquier persona y/o compañía autorizada por Guyana para realizar actividades económicas o comerciales en el territorio de Guyana según lo determinado por el Laudo de 1899 y el Acuerdo de 1905…"

Un profesor, jefe de cátedra de Derecho Internacional Público en una universidad venezolana, confundiendo la jurisdicción de la CIJ con su competencia, después de decir que la CIJ declaró ésta tanto para conocer la validez del LA, que fijó la frontera, como para decidir *"el arreglo definitivo de la disputa sobre la frontera terrestre entre Guyana y Venezuela"*, y que el aspecto medular de esta controversia tiene que ver con la nulidad o validez del laudo, aseveró: *"Lo otro, la cuestión relacionada con el arreglo definitivo de la frontera terrestre entre ambos países, es un asunto colateral que sólo surgirá si la CIJ declara que el LA es nulo. Por el contrario, si se determina que es valido, éste ya habría fijado la frontera entre ambos países, y solo restaría acatarlo".*

Es lamentable que el profesor haya mordido el anzuelo de Guyana al no percatarse de que: 1) busca engañar a la CIJ y a Venezuela como si el Laudo de 1899 y el Acuerdo de 1905 fuesen dos pretensiones distintas y autónomas (validez del LA y del "Acuerdo de 1905" *"acuerdo definitivo de la frontera terrestre"*), con lo cual Guyana persigue sorprender a Venezuela con la jurisprudencia *"Estoppel"*, esto es, para que la CIJ decida que Venezuela aceptó el LA (expresa o tácitamente) al fijar la frontera en *"el Acuerdo de 1905"*. 2) que no es un asunto colateral (o secundario) sino principal, en razón de que, precisamente, Venezuela debe atacar y extinguir cualquier pretensión de configuración del *"Estoppel"*. 3) la discusión no se limita a que el punto *"sólo surgirá"* si la CIJ declara que el LA es nulo, pues en esta parte premeditada de Guyana el núcleo está -tenuemente oculto- en querer dar al *"Acuerdo de 1905"* un valor jurídico que no tiene, pero que puede llegar a tener en caso de que Venezuela sea pasiva y no reaccione como debe hacerlo, pues ahí podría encontrar la CIJ una rendija para dar validez al fraudulento LA.

Si la CIJ declara la nulidad del LA, automáticamente es inexistente el mal llamado *"Acuerdo de 1905"*. Pero puede ocurrir que, en vez de anular el LA, la CIJ le inyecte valor jurídico gracias al *"Acuerdo de 1905"*, es decir, que sentencie que éste significó el reconocimiento-aquiescencia- consentimiento (Estoppel) del LA. 4) Si la CIJ declara que es válido el LA, automáticamente lo es dicho "Acuerdo", es decir, la ejecución del LA. Si se determina que el LA es válido, obvio es que, como dice el profesor, el LA ya habría fijado la frontera entre ambos países, y solo restaría acatarlo.

La trampa de Guyana es evidente y logró hasta hoy a muchos. En verdad, la pretensión de validez del "Acuerdo de 1905" es una acción declarativa improcedente e innecesaria (por ser accesoria del LA), vale decir, es una trampa tratar dicha pretensión (temeraria) como autónoma porque el LA y "el Acuerdo" constituyen una unidad. Procesalmente, ni siquiera podría ser una pretensión subsidiaria que dependa de una principal como es la de la validez del LA. Sería absurdo y errado plantear como pretensión subsidiaria la validez del "Acuerdo de 1905", para el supuesto caso de que se declarara sin lugar la nulidad del LA.

No es un "Acuerdo" porque carece de consentimiento, objeto y causa, pues de lo que se trata es de la ejecución del LA, es su efecto. El título del "Acuerdo" es el LA, es decir, el "Acuerdo" carece de título y de objeto porque el que los tiene es el LA. No se trata de una acumulación simple, pues sería inadmisible demandar aparte (autónomamente) la declaración de validez del "Acuerdo" de "arreglo definitivo de la frontera terrestre". El "Acuerdo" no tendría vida si no existiera el LA. Su naturaleza accesoria y su inescindible dependencia del LA son tales (parásito) que la declaratoria de nulidad del LA necesariamente abrazaría la nulidad del "Acuerdo".

Guyana, consciente de que el LA es nulo, desesperadamente intenta dar jerarquía de contrato (que no tiene) al mal denominado "Acuerdo de 1905", por lo cual, Venezuela, a la brevedad posible, debe solicitar a la CIJ que revoque su declaración de jurisdicción o admisión de la memoria (*Application Instituiting Proceedings, file in the Registry of the Court on 29 March 2018*) en cuanto a la pretensión de Guyana de que *"es válido y vinculante" "el límite establecido por el Acuerdo de 1905"*, pues tal pedimento no puede acumularse al de la validez del LA por constituir una inepta acumulación de acciones. Venezuela debe insistir en la naturaleza de dicho "Acuerdo" y eventualmente solicitar su nulidad en la contramemoria. ¡Si Venezuela pelea bien, recuperará su Esequibo, pues la asiste la razón!

XXI.

¿ERROR O FRAUDE DE LA CIJ?[21]

Guyana demandó a Venezuela para que la CIJ declare que: a) El Laudo de 1899 y el "Acuerdo de 1905" son válidos y vinculantes; b) Guyana disfruta de plena soberanía sobre el territorio existente entre el río Esequibo y el límite establecido por esos instrumentos … Guyana y Venezuela tienen la obligación de respetar plenamente la soberanía e integridad territorial de cada uno de acuerdo con la frontera establecida en ellos; c) Venezuela se retirará inmediatamente de la mitad oriental de la isla de Anakoko de conformidad con el Laudo de 1899 y el Acuerdo de 1905; d) Venezuela se abstendrá de amenazar o usar la fuerza contra cualquier persona y/o compañía autorizada en el territorio de Guyana según el Laudo de 1899 y el Acuerdo de 1905 (Véase la "y" copulativa).

Los artículos 36 y 38 del Estatuto de la CIJ expresan que la jurisdicción de ésta comprende la resolución de los litigios y controversias *"que las partes le sometan"*. Siendo esto así, ¿por qué, al declarar su jurisdicción para conocer la demanda de Guyana, la CIJ silenció las cinco pretensiones antes indicadas (acciones declarativas) relacionadas con el Acuerdo de 1905?

Acertadamente, la CIJ consideró que la controversia que las partes acordaron resolver a través del Acuerdo de Ginebra (AG)

---

se refiere tanto a la validez del Laudo Arbitral de 1899 (LA), *"así como a sus implicaciones para la línea limítrofe entre Guyana y Venezuela"*. La CIJ declaró su jurisdicción para decidir ambos temas; pero, aquí, enredó los hechos y violó las normas y principios de derecho internacional, pues si bien la CIJ tiene jurisdicción para declarar la validez o nulidad del LA, no ocurre lo mismo con el "Acuerdo de 1905". En efecto, ¿de dónde sacó que tiene jurisdicción para conocer dicho "Acuerdo"? Además, ¿cómo conocer y resolver lo de la frontera terrestre sin aplicar el Tratado Arbitral de Washington de 1897? La CIJ, disimuladamente, porque no lo explica, sustituyó las cinco acciones declarativas indicadas relacionadas con "el Acuerdo de 1905", por la frase de la validez del LA "así como a sus implicaciones para la línea limítrofe".

Una cosa es que con el AG las partes intentaron buscar, a través de la Comisión Mixta, una solución satisfactoria para el arreglo práctico surgida de la contención venezolana de que el laudo sobre la frontera es nulo; y que el AG estableció el procedimiento en el supuesto de fracasar la gestión de dicha Comisión, previendo que los gobiernos eligieran uno de los medios de solución previstos en el artículo 33 de la Carta de las Naciones Unidas, es decir, mediante la negociación, la investigación, la mediación, la conciliación, el arbitraje, etc., y otra *"el arreglo judicial"*, el cual corresponde atender a la CIJ *"cuya función es decidir conforme al derecho internacional las controversias que le sean sometidas"*, así como lo prevé el artículo 38 de su Estatuto. La CIJ debe atenerse al procedimiento iniciado por Guyana con su demanda (memoria), por lo cual es anormal y fraudulento que adicione, sin que Guyana o Venezuela lo hayan pedido, el punto de las "implicaciones para la línea limítrofe entre Guyana y Venezuela".

La CIJ consideró que el AG se refiere a los dos temas mencionados. Eso es verdad; pero no le otorga jurisdicción a la CIJ para fijar los límites sin que ello haya sido demandado por alguna de las partes. Estamos ante una maniobra arbitraria. Claro es que, si la CIJ declara la validez del LA, la frontera continuará siendo la que determinó dicho laudo; frontera que se repite en el "Acuerdo de 1905" (no es un "Acuerdo" sino el acta de la ejecución del laudo; no es un contrato y no encaja en ninguna fuente de obligaciones). Pero esto no significa que la CIJ tiene jurisdicción para conocer "las implicaciones para la línea limítrofe". Si declara la nulidad del laudo, la frontera quedaría indeterminada no obstante que la CIJ se extralimitó en sus atribuciones.

Guyana no demandó que la CIJ determine la frontera terrestre, pues sus pretensiones son que el Laudo de 1899 es válido y vinculante… y que el Acuerdo de 1905 (que, según Guyana, fijó la frontera) es válido y vinculante. Si la CIJ sentencia que el LA es válido, ya está determinada la frontera en el laudo, es decir, en nada la CIJ tendría que ver con "implicaciones para la línea limítrofe". Y si decide que el laudo es nulo, no tiene jurisdicción para decidir la cuestión conexa de la solución definitiva del diferendo relativo a la frontera terrestre. Acertado es que la CIJ haya decidido que tiene jurisdicción para conocer sobre "la validez de la sentencia arbitral"; pero carece de fundamento jurídico para afirmar que tiene jurisdicción para decidir "la cuestión conexa de la solución definitiva del diferendo relativo a la frontera terrestre" (esto no lo demandó Guyana). Además, no es congruente que Guyana demande la validez del "Acuerdo de 1905" y que la CIJ soslaye (silencie u oculte) dicho pedimento y lo sustituya o maquille diciendo que es competente para conocer "la cuestión conexa de la solución definitiva del diferendo relativo a la frontera terrestre". Son dos hechos distintos. ¿Por qué ocultó la pretensión relativa al "Acuerdo de 1905"? Al respecto, la CIJ se apartó del objeto preciso de la controversia, de los hechos y fundamentos alegados por Guyana, violando los artículos 38.2 y 49.1 de su Reglamento.

Cuando escribí que Venezuela debe demandar la nulidad del fatídico Tratado Arbitral de Washington de 1897 (*El Universal*, 17-05-22, 24-05-22 y 14-06-22) lo hice porque si la CIJ anula el LA, continúa vigente dicho Tratado y la CIJ no puede fijar la frontera en la sentencia porque Guyana ni Venezuela lo han demandado, y por ello Venezuela debe hacerlo mediante la reconvención al presentar la contramemoria, para que la CIJ declare que Venezuela es la propietaria (acción reivindicatoria) del territorio ubicado al oeste del río Esequibo.

XXII.

PLAN DE COMBATE LEGAL
CONTRA GUYANA[22]

Para asegurar el triunfo frente a Guyana, ante la CIJ, Venezuela debe usar todo el arsenal técnico del derecho y sus abogados pueden comenzar de inmediato a redactar la defensa, entre otras razones, para facilitar a los abogados extranjeros, el catedrático español Antonio Remiro Brotóns, y el belga, Philippe Couvreur, ex secretario de la CIJ, conocer los detalles del caso. Para recuperar el Esequibo, es indispensable estructurar tanto la estrategia, como arte de manejar las reglas procesales que logran el enfoque óptimo, como la táctica para ordenar las cosas y emplear la fuerza para el combate, lo cual debe incluir la explicación constantemente de la verdad ante la opinión pública. Entiendo que el coordinador de los abogados criollos es el Dr. Carmelo Borrego, profesor de pre y postgrado en la UCV, especialista en derecho procesal penal, preocupado por la sistemática. Su libro, *Nuevo Proceso Penal, Actos y Nulidades Procesales*, da cuenta de su disciplina organizativa. También integran el equipo defensor de Venezuela la Dra. Elsie Rosales (profesora y autora de varios libros jurídicos) y los diplomáticos Samuel Moncada y Félix Plasencia.

---

22   El Universal, 30 de agosto de 2022.

En este primer borrador, el escrito principal por hacer es la contramemoria, donde se contestará la demanda de Guyana, país que centra su estrategia en la acción declarativa de validez tanto del Laudo Arbitral de 1899 (LA) como del "Acuerdo de 1905". Frente a ese esquema, Venezuela debe rechazar la demanda y reconvenir (contrademandar) para que la CIJ declare: 1) la nulidad del LA. 2) la nulidad del "Acuerdo de 1905". 3) la nulidad del Tratado Arbitral de Washington de 1897 (Guyana lo invoca en su demanda para decir que en él Venezuela convino en aceptar la sentencia del Tribunal de Arbitraje como *"una solución plena, perfecta y definitiva de todas las cuestiones planteadas a los árbitros"*, y que, por ello, el LA no puede ser impugnado. 4) que se declare que Venezuela es la propietaria del territorio despojado por el LA, es decir, que se declare con lugar la acción reivindicatoria de Venezuela. 5) en virtud de que, sin mencionarlos, el LA acogió los mapas falsos elaborados por Schomburkg, por orden del RU, de los cuales los árbitros obtuvieron los linderos que ordenó el LA como límites de la colonia británica con Venezuela, ésta debe demandar que la CIJ declare la falsedad de dichos mapas. 6) en razón de que RU ordenó falsificar los mapas, Venezuela debe solicitar su incorporación para que sea parte en el juicio como demandado por la nulidad de LA, así como por haber falsificado los mapas (incorporación forzada de tercero). Los mapas falsos deben ser acompañados junto con la contramemoria y la reconvención. Si la CIJ no ordena la intervención, Venezuela debe demandar a RU y Guyana.

En el capítulo I de la contramemoria conviene hacer un resumen del caso. En el capítulo II, iría la contestación general de la demanda y los fundamentos de la nulidad del LA. En el III, explicar las protestas constantes de Venezuela desde que se dictó el LA, esto es, para descartar cualquier intento de Guyana o de la CIJ relacionado con supuestos actos unilaterales de reconocimiento de Venezuela (doctrina Estoppel). En el capítulo IV, explicar el propósito del Acuerdo de Ginebra de 1966. En el V, la contrademanda (reconvención) para que se declare la nulidad del LA. En el VI, la reconvención por nulidad del "Acuerdo de 1905" (por violencia y amenazas). En el capítulo VII, la contrademanda para que se declare la nulidad del Tratado Arbitral de 1897. En el VIII, la contrademanda para que se declare que Venezuela es la propietaria (acción reivindicatoria).

El capítulo II debe incluir los fundamentos de la nulidad relacionados con el carácter fraudulento del LA: 1) por carecer de motivación; 2) por apartarse de la verdad; 3) por apartarse de la solución legal; y 4) porque para confeccionar el LA se cometieron los delitos de: a) uso de documentos públicos falsos (mapas); b) abuso de poder de los árbitros; y c) fraude procesal. En la fundamentación de este capítulo débanse detallar las revelaciones del abogado estadounidense Severo Mallet-Prevost.

Venezuela debe anexar con la contramemoria los documentos que acrediten sus alegatos, incluidos los mapas falsificados. Estas falsificaciones deben invocarse con tenacidad en todo sentido, sea de naturaleza civil o penal, es decir, Venezuela debe hacer el ataque civil a los documentos, dando por sentado que la CIJ tiene jurisdicción para conocer las falsedades civiles; y alegar también los extremos penales en cuanto a los cuerpos de los delitos; en síntesis, plantear ante ella la falsedad civil como si existiera el procedimiento de "la tacha de documentos" (que no lo contiene el Estatuto de la CIJ ni su Reglamento) como lo tienen la mayoría de los países en sus códigos de procedimiento civil, no obstante que la CIJ nunca antes tuvo casos similares.

Venezuela debe alegar la falsificación de los mapas levantados en 1835, 1840, 1877 (con fecha 1875), y en 1886 (los británicos bautizaron la línea fronteriza de este mapa como "única línea") y debe precisar la coincidencia de límites entre los últimos mapas y los linderos especificados en el LA, esto es, determinar que éste asumió como ciertos los límites de un mapa falsificado.

De conformidad con el artículo 43 del Estatuto de la CIJ, en la fase escrita, Venezuela debe consignar ante la CIJ la contra-memoria y los documentos de apoyo. En esta oportunidad, Venezuela debe solicitar a la CIJ que se agregue al expediente copia certificada de todas las actuaciones del expediente original del juicio en el que se dictó el LA.

XXIII.

FALSEDADES DE GUYANA Y EXXONMOBIL PARA APLICAR EL ESTOPPEL[23]

Para favorecer a Guyana en el juicio del Esequibo, mienten en el reciente programa de Visual Politik, al afirmar "que Venezuela aceptó en 1899 la frontera existente actualmente... para posteriormente *rechazarla en 1960", es decir, inventaron que Venezuela aceptó la frontera ordenada por el Laudo Arbitral de 1899 (LA) y esperó sesenta años para rechazarlo, cuando la verdad es que Venezuela ¡jamás lo aceptó!, e incluso, en 1899, su agente ante el tribunal arbitral, J.M. Rojas, calificó el fallo como "irrisoria y manifiesta injusticia"; y el presidente de Venezuela, Ignacio Andrade, en 1899, aseveró que "el laudo sólo había restituido a Venezuela una parte de su territorio usurpado".*

Las mentiras de Visual Politik (Venezuela aceptó el Laudo Arbitral y esperó sesenta años para rechazarlo) coinciden con cuatro de las cinco pretensiones de la demanda de Guyana contra Venezuela, presentada en la CIJ, basadas en la validez del mal denominado por Guyana *"Acuerdo de 1905"*, en el que RU y Venezuela ejecutaron la orden del Laudo Arbitral de 1899 para demarcar los límites. Ese *"Acuerdo"* no es tal sino la ejecución del laudo que Venezuela fue obligada a acatar. Con él, Guyana pretende probar que Venezuela aceptó el LA.

---

[23] El Universal, 6 de septiembre de 2022.

Expliqué (*supra Nº 15*) que el plan de Guyana es alegar más adelante que la pretensión de nulidad del LA es improcedente porque Venezuela lo aceptó al firmar el "Acuerdo de 1905". El plan guyanés es aducir que Venezuela asumió una posición que se contradice con su postura original de aceptación del laudo. Se intentará sorprender a Venezuela en el juicio con la jurisprudencia Stoppel, para que la CIJ declare que el LA es válido por haberse aceptado tácitamente con el "Acuerdo de 1905", y que Venezuela esperó sesenta años para protestarlo Guyana, sin referirse al Stoppel (para ocultar la maniobra), aparenta en su demanda que dicho "Acuerdo" constituye un reconocimiento del LA, buscando (sin decirlo) que la CIJ, con su jurisprudencia Estoppel, niegue a Venezuela la nulidad del LA porque continuó cumpliéndolo. También existe temeridad de Guyana (conciencia de la sin razón) y mala fe (intención de engañar, designios encubiertos) porque no plantea en su demanda el Stoppell como defensa perentoria, es decir, lo oculta con el plan de que sea la CIJ quien, con sorpresa, lo aplique contra Venezuela.

Sabido es que el *Stoppel* se origina: A) por una declaración (voluntaria, incondicional y autorizada). B) por el silencio. Para ambos se exige (según capricho de la CIJ) el requisito del *detrimental reliance* (dependencia perjudicial), es decir, que un país haya actuado basado en la confianza por un hecho de otro país, y que luego el país del hecho cambie de parecer. En el caso de la Plataforma Continental del Mar del Norte, la CIJ afirmó que, para que prosperara el *Estoppel*, la conducta de Alemania debió "haber causado a Dinamarca o a los Países Bajos, por su confianza en tal conducta, un cambio de posición en detrimento propio o el sufrimiento de algún perjuicio", lo que no ocurrió en el caso. La CIJ tuvo el mismo criterio en los juicios de *Barcelona Traction; Actividades Militares y Paramilitares*; y en la disputa entre *Camerún y Nigeria.* Hubo casos en que la CIJ no consideró que el cambio de posición y causar daño fuesen requisitos del

Estoppel. En el caso de *Honduras y Nicaragua*, la CIJ decidió contra ésta sin que la primera hubiera sufrido daño. En el proceso *Groenlandia Oriental*, la CIJ no se refirió al *detrimental reliance* porque no lo consideró necesario.

Guyana pretende que la CIJ valore el "Acuerdo de 1905" como una aprobación (no lo es); pero, además, RU no sufrió daño en 1905 ni después. La que sí lo sufrió fue Venezuela. Por si fuera poco, consta que el LA se ejecutó coercitivamente contra ella, por lo cual no tuvo otra opción que permitir que dos empleados suyos, junto con los británicos, elaboraran el acta de colocación de los hitos en la frontera.

Para la CIJ, el Estoppel se basa en tres elementos: 1) un Estado que hace a otro una representación de un hecho (actos de inducción por conductas, declaraciones o silencio), es decir, actos de la parte contra quien se alega el *Estoppel*. 2) la representación debe ser inequívoca, incondicional y emitida por un órgano o persona competente. 3) el Estado que opone el *Estoppel* (Guyana, causahabiente o cesionaria de RU) debió haber confiado de buena fe en esa representación. Ninguno de estos requisitos se cumple para Guyana, dado que: a) el RU jamás tuvo buena fe. b) Venezuela no ha representado un hecho inequívoco o incondicional (comenzó a protestar el LA en 1899). c) GB (sustituida por Guyana como cesionaria, en 1966, a raíz de su independencia) jamás se confió de algo hecho o dicho por Venezuela para basarse en ello para fundamentar una conducta o decisión, o para que Guyana lo hiciera después de 1966. e) En 1905, ni después, Venezuela emitió declaración alguna que permita pensar que aceptó el LA. ¡Sería fraudulento si la CIJ inventara un *Estoppel* contra Venezuela!

La CIJ no ha sido estable acerca del Stopell. Explica Federico Julián Vasallo que "Estas cuestiones son peligrosas porque las interpretaciones de la CIJ han sido poco consistentes". Tales vaivenes son inaplicables contra Venezuela. Adicionalmente, el Acuerdo de Ginebra (AG) obliga a la CIJ a decidir si el LA es nulo o válido, vale decir, el Stopell no puede prevalecer por encima del AG.

XXIV.

VALOR PROBATORIO DE LOS DOCUMENTOS DE MALLET-PREVOST[24]

Severo Mallet-Prevost, abogado de Venezuela, designado por EE.UU., en el juicio del LA, firmó dos documentos importantes: 1) Carta del 26 de octubre de 1899 enviada al profesor George L. Burr, donde afirma: *"Nuestros árbitros fueron forzados a aceptar la decisión, y con estricto carácter confidencial, no dudo en asegurarle a usted que los árbitros británicos no se rigieron por consideración alguna de Derecho o Justicia, y que el árbitro ruso probablemente fue inducido a adoptar la posición que tomó por razones totalmente extrañas a la cuestión. Sé que esto sólo va a abrirle el apetito, pero al presente no puedo hacer otra cosa. El resultado, a mi juicio, es una bofetada al arbitraje"*. 2) Memorándum del 8 de febrero de 1944, entregado por Mallet a Otto Shoenrigk, para publicarlo después de su muerte, donde cuenta que los árbitros estadounidenses, Brewer y Fuller, le informaron sobre la presión ejercida por el árbitro ruso, Martens, para que se aprobara la línea Schomburgk y despojar a Venezuela del río Orinoco, con el voto de los dos árbitros británicos; por lo que Martens propuso que los estadounidenses acepten dicha línea y que la decisión fuese unánime contra Venezuela a cambio de no perder ese río, para lo cual el punto de

---

[24] El Universal, 13 de septiembre de 2022.

partida de la línea en la costa se fijaría a cierta distancia al sureste de Punta Barima. Afirma Mallet que durante la visita de Martens a Inglaterra hubo un arreglo entre Rusia y el Reino Unido de Gran Bretaña e Irlanda del Norte; y que la sentencia despojó a Venezuela de un territorio muy extenso e importante, sobre el cual el RU no tenía "la menor sombra de derecho".

Existen más documentos donde personajes conocidos mencionan a Mallet, p. ej., 3) La carta del presidente Grover Cleveland, para Richard Olney, del 3 de marzo de 1901. 4) La carta de Perry Allen, secretario de los abogados de Venezuela ante el Tribunal Arbitral, dirigida, el 19 de marzo de 1951, al Dr. M.A. Pulido Méndez, embajador de Venezuela en México. 5) El artículo del juez William Cullen, recordando el testimonio del agente británico ante el Tribunal, George Buchanam, en 1910, donde dice que Mallet le afirmó que el LA "fue un compromiso".

El testimonio de Mallet, como testigo presencial que escuchó, vio e interpretó los hechos, consta en esos documentos que coinciden acerca de lo que ocurrió con el LA, los cuales, analizados y contrastados entre sí, precisan la verdad en cuanto a que hubo abuso de poder de los árbitros, y una combinación fraudulenta (fraude procesal) de ellos para elaborar el fatídico fallo. Cada uno de esos documentos, *per se*, es prueba de que expresan.

No cabe argumentar que esos documentos no son tales porque no conste la autenticidad de las firmas estampadas en ellos. Son documentos que prueban, juntos o por separado, adminiculados con el LA, la nulidad de éste por abuso de poder de los árbitros y por fraude procesal. Una cosa es la nulidad del LA por inmotivación, que se comprueba con solo leerlo y no necesita más pruebas, y otra el abuso de los jueces (no fue por error o ignorancia de ellos) y el fraude procesal, que se prueban con los mencionados documentos. Si un juez adujera que no son documentos los cinco antes indicados (por no constar la autenticidad de las firmas), en el peor de los casos, cada uno sería una valiosa prueba de indicio de que el LA es nulo, además de la inmotivación, por el abuso y por el fraude procesal de los cinco jueces o de los dos británicos con el ruso, y de ellos con el RU, beneficiario del latrocinio.

Adicionalmente, la fuerza de convicción de las mencionadas pruebas existe porque se trata de documentos contenidos en *publicaciones asequibles*. El artículo 50 del Reglamento de la Corte (RC) ordena acompañar como anexo al original de cada alegato escrito, copias certificadas de todos los documentos pertinentes presentados en apoyo de los argumentos contenidos en el alegato; y que "Si únicamente son pertinentes partes de un documento, bastará acompañar como anexos aquellos extractos necesarios a los fines del alegato de que se trate. Se depositará *una copia completa del documento* en la Secretaría de la Corte, *a menos que haya sido publicado y sea fácilmente asequible*". El artículo 56.4 del RC ordena que *"Durante las vistas no podrá hacerse referencia alguna al contenido de ningún documento que no haya sido producido de acuerdo con el artículo 43 del Estatuto o con este artículo, salvo si el documento forma parte de una publicación fácilmente asequible"*.

El memorándum de Mallet fue tan divulgado internacionalmente que tiene fuerza probatoria de hecho notorio o comunicacional, nunca desvirtuado. Por tanto, no tiene justificación lo de la "*autenticidad de la firma*" de los documentos, porque surte efecto probatorio, no mediante reglas tarifadas antiguas de valoración de pruebas, sino a través de la sana crítica, es decir, explicando los jueces razonadamente, con lógica, con las reglas del correcto entendimiento, las pruebas (documentos, testigos, experticias, etc.).

Además, de conformidad con su Estatuto, "la Corte podrá solicitar de organizaciones internacionales públicas información relativa a casos que se litiguen ante la Corte, y recibirá la información que dichas organizaciones envíen a iniciativa propia". Por ello, Venezuela debe: 1. Consignar los documentos que prueben sus alegatos. 2. Consignar copias de las partes pertinentes de los libros. 3. Pedir a la CIJ que solicite información y copia de los documentos pertinentes, a la Librería del Congreso y a la Secretaría de Estado de los EE.UU., al Foreing Office del RU; a la cancillería de Venezuela, p. ej., copia de los libros relacionados con Mallet-Prevost, etc. 4. Consignar copia de los escritos firmados por Mallet ante el Tribunal Arbitral, así como de las actas de sus exposiciones verbales 5. Promover testigos-referenciales historiadores sobre la verdad del memorándum y las cartas y examinarlos mediante expertos. 6. Solicitar a la CIJ, antes de empezar una vista, que los agentes de Guyana produzcan los mencionados documentos con sus explicaciones. 7. Solicitar a cualquier persona u organismo para que haga una investigación o emita un dictamen pericial al respecto. ¡Venezuela ganará el juicio; pero debe conocer de antemano la moralidad pública y privada de los jueces de la CIJ!

XXV.

NATURALEZA DE LOS DOCUMENTOS ASEQUIBLES[25]

El Estatuto de la CIJ ni su Reglamento, distinguen entre documentos públicos y los privados, por lo cual ella tiene amplio radio de apreciación, como si fuesen pruebas innominadas, es decir, sin reglas de valoración. Son documentos los mapas, el memorándum de Severo Mallet-Prevost, sus cartas, etc., aun cuando no conste que son sus. Para proteger el triunfo contra Guyana, Venezuela debe promover, para determinar la autenticidad de las firmas, una experticia sobre los originales o sobre las fotocopias. Ante la CIJ es procedente promover todo tipo de pruebas, y serán valoradas mediante la sana crítica con las reglas de la lógica, la psicología y de la experiencia común.

El Reglamento de la CIJ restringe la presentación de nuevos documentos una vez finalizada la fase escrita, exigiendo el consentimiento de la parte contraria, y en su defecto, el del Tribunal que autorizará la presentación, después de oídas las partes. Ningún documento que no haya sido presentado con la memoria y la contramemoria podrá ser invocado después, a menos que se trate de los que formen parte de una publicación *"fácilmente accesible"*, es decir, los *publicados* en libros, revistas,

---

[25] El Universal, 20 de septiembre de 2022.

notas de prensa, etc., que, por su naturaleza especial, se puedan aportar al juicio como documentos *nuevos*.

Documento *nuevo* es el que no se consigna con la memoria o contramemoria porque no se conoce. Por ello, todos los documentos conocidos por Venezuela deben ser consignados al presentar su contramemoria. El documento asequible es el que forma parte de publicaciones conocidas, por lo cual los hechos contenidos son calificados como notorios comunicacionales, ciertos o falsos, e incluso, escandalosos internacionalmente, que están probados con los libros, noticias de prensa, etc. Por haber sido publicados desde *1899* o antes, muchos documentos de la disputa del Esequibo son *asequibles* mediante sus links, y deben consignarse en la etapa escrita. En la CIJ, el documento nuevo asequible tiene naturaleza especial con el privilegio de poder consignarse en la fase oral, esto es, coincide con el privilegio que las leyes procesales otorgan al documento público, el cual puede ser consignado en todo estado y grado de la causa. Los documentos accesibles pueden ser antiguos o nuevos.

Venezuela debe señalar en la contramemoria *los enlaces electrónicos (links)* de sus pruebas, para que puedan ser inmediatamente localizadas por la CIJ y por las partes, p. ej. los siguientes links: 1) las actas pertinentes del expediente del juicio del LA. 2) los libros azules del Foreing Office de Inglaterra, en donde consta que en "el Alegato" y en "el Contra-Alegato" de RU se invocaron documentos holandeses, y, sin embargo como lo explica Rafael Seijas (MRE, Colección Fronteras, t. 9, pp. 909-929, informe del 4 de octubre de 1898, "Comentarios y crítica a los contra-alegatos de Venezuela y la Gran Bretaña") dijo en el segundo de esos escritos que no se tendrán en cuenta los informes de la Comisión Investigadora de Washington, los cuales, dice Seijas, "algunos descansan en extractos de los archivos de la Haya escudriñados solícitamente y transcritos con una laboriosidad maravillosa". 3) los libros azules de la cancillería de Venezuela (Suplemento al Libro Amarillo de Venezuela presentado al Congreso Nacional en *1899*, t. 6, 7, 8 y 9). 4) los documentos que Venezuela presentó, en *1962*, para fundamentar la nulidad del LA y que convencieron a RU para revisar su validez. 5) Las notas de prensa presentadas, las cuales deben ser apreciadas porque recogen hechos públicos y notorios. Venezuela debe indicar qué quiere probar con cada documento.

En ese informe, Seijas precisa que *"el mayor argumento (de RU), sino el único, consiste en desconocer la fuerza del derecho de España como descubridora y primera ocupante de América en general, y en particular de la comarca de Guayana sobre la que versa el pleito, para atribuir valor sólo a la ocupación de ella. Sin embargo, los documentos que exhibe, sacados de los archivos de aquel reino, no tienden sino a probar que las autoridades españolas conocían, toleraban o no lograron destruir las ocupaciones extranjeras. De donde resulta que la Gran Bretaña, con semejante sistema, destruye la base sobre la cual ha levantado sus pretensiones. Porque, a la verdad, si el territorio guayanés tomado por los holandeses era legítimamente ocupable, no hay por qué buscar a sus adquisiciones el arrimo de la aquiescencia de España. Menos aún, si es cierto, como se afirma con admirable serenidad en la página 36 de la Exposición preliminar, `que la más exacta relación de los sucesos es que los holandeses y los británicos repelieron los ataques y usurpaciones de España sobre las posesiones holandesas"*.

Explica Seijas que los británicos centraron la atención en alegar que *"la falta de ocupación holandesa de algunos lugares no los hace de España o de Venezuela, al no probarse que España o Venezuela tenían por ocupación derecho a ellos"*. Ello pone de relieve no solo la nulidad del LA por falta de motivación (por no analizar nada), sino el abuso de poder de los jueces (arbitrariedad) por ocultar que RU no tenía títulos de propiedad del territorio discutido, y que ella, con falacia, concentró, en primer lugar, en su sedicente ocupación, el supuesto derecho de propiedad, lo cual mezcla el error de razonamiento con falso argumento para enredar, engañar y desviar la atención (falacia ad ignorantiam, la pista falsa), en síntesis, aparentar un argumento para inducir a los árbitros a aceptar el alegato injustificado, en realidad, para disimular porque estaban comprometidos con RU. En segundo lugar, RU invocó esa ocupación para intentar desconocer o soslayar los títulos de Venezuela y trasladar la discusión a la ocupación venezolana, con el propósito, asaz fraudulento y evidente, repito, de violar el artículo III del Tratado Arbitral de 1897, que obligaba al tribunal a investigar y cerciorarse (determinar) de la extensión de los territorios propiedad de España y Holanda en 1814, cuando ésta los cedió a RU.

XXVI.

RECUSACIÓN DE LA
JUEZA HILARY CHARLESWORTH[26]

Sin duda, Venezuela es la propietaria del Esequibo, de los 159.500 Km² de territorio y de los 191 kms. de costa. De opuesto a lo que algunos dicen que no hay garantía de una sentencia favorable en la CIJ, Venezuela ganará el juicio porque los hechos y las pruebas están a su favor. Otros aseveran que "estamos a punto de perder ese territorio definitivamente y que geopolíticamente estamos perdidos", y hasta expresan que el peligro no termina con el Esequibo. Matemáticamente, si Venezuela tiene razón 100 %, debe ganar. Y si no hay garantía de ello, la falla sería de sus abogados (impericia o negligencia), o por parcialidad de los jueces (fraude procesal y abuso de poder). Si no existe garantía de una sentencia justa es porque la pelea no es solo con Guyana, con otros países interesados y poderosas empresas, sino también con la propia CIJ o con la mayoría de sus jueces. Claro es que la sentencia estará en manos de jueces con credenciales científicas y morales, por lo que, en principio, debemos presumir que actuarán correctamente.

Para ganar el juicio, es indispensable aplicar la técnica y el espíritu de combate legal, lo cual exige tenacidad pertinaz y aportar lo mejor de la experiencia de los abogados litigantes.

---

26 El Universal, 27 de septiembre de 2022.

La sentencia definitiva será favorable; pero es necesario organizar la defensa y el ataque, la coordinación de los abogados, redactar la extensa contramemoria y, de inmediato, asumir postura de movimiento, velocidad e iniciativa con el planteamiento de incidencias procesales acertadas moral y jurídicamente, p. ej. el uso de la recusación.

El equipo de Guyana sabe moverse. Allí están Paul Reichler, abogado con triunfos en la CIJ; Alain Pellet, profesor de la Universidad de París Nanterre; Philippe Joseph Sands, director del Centro de Cortes y Tribunales Internacionales en el Colegio Universitario de Londres; el jurista canadiense-iraní Payam Akhavan; las funcionarias de la ONU Valerie Moss (subsecretaria general para Asuntos Humanitarios) y Catherine Pollard, secretaria general asistente para la Asamblea General. Venezuela debe moverse en el estrado para compensar ante Guyana la "correlación de fuerzas", hoy a su favor política, diplomática y financieramente (ExxonMobil invirtió millones de dólares en los abogados), y aunque parezca mentira, como si fuera poco, Guyana contrató a Hilary Christiane Mary Charlesworth, connotada jurista australiana.

Uno de los jueces de la CIJ con más preseas es Charlesworth, quien asumió el cargo el 5 de noviembre de 2021, al fallecer el juez James Richard Crawford, cuyo mandato debía concluir el 5 de febrero de 2024. La jurista fue elegida jueza el 5 de noviembre de 2021, prestó su juramento el 7 de diciembre de 2021, y ocupará el cargo durante nueve años. El artículo 15 del Estatuto de la CIJ establece: "Todo miembro de la Corte electo para reemplazar a otro que no hubiere terminado su período desempeñará el cargo por el resto del período de su predecesor". Pero, el artículo 2.2. del Reglamento dice: "El período de funciones de un miembro de la Corte elegido para reemplazar a un miembro cuyo período de funciones no haya expirado empezará a correr en la fecha de la elección". A la brevedad posible, Venezuela debe recusarla por no reunir los requisitos de imparcialidad, dado que, hasta noviembre de 2021, Charlesworth ejerció el cargo de juez *ad hoc* designada por Guyana en el caso del Esequibo (hecho objetivo que la obliga a inhibirse, lo que haría procedente la recusación). Obviamente, es asesora de Guyana desde antes. Reprochable es, y desdeciría mucho, si la dama, al día de hoy, no se ha inhibido de conocer el juicio, y de ser así, Venezuela debe solicitar su inhibición, y si no se inhibe debe recusarla por estar parcializada, lo que se hará de conformidad con los principios generales de derecho, dado que el Estatuto ni el Reglamento prevén el instituto.

Guyana viene tejiendo con finos hilos, no la fundamentación jurídica de su demanda (no tiene razón), sino el andarivel para lograr que la CIJ sentencie que el Laudo Arbitral de 1899 es válido y quede firme la frontera que fijó. La única forma de dar la razón a Guyana sería mediante una sentencia fraudulenta. Los litigantes venezolanos deben cumplir su trabajo, esto es, cubrir el 100 % de los motivos de nulidad del LA y las pruebas; alegar el 100 % de los títulos y pruebas de la propiedad; interponer las reconvenciones necesarias; plantear las incidencias urgentes, p. ej., la inhibición y recusación de Charlesworth, etc.

El juez no puede estar contaminado, pues violaría principios del debido proceso. Dice Claus Roxin que el juez puede ser recusado "por temor de parcialidad, cuando exista una razón que sea adecuada para justificar la desconfianza sobre su imparcialidad… y para esto no se exige que él realmente sea parcial, antes bien, alcanza con que pueda introducirse **la** *sospecha* de ello según una valoración razonable". No se exige certeza, sino que basta con la sospecha o la duda razonable.

Como Charlesworth fue juez *ad hoc* de Guyana en este caso, no puede ser juez de la CIJ para juzgar a Venezuela. Siendo que Charlesworth defiende los intereses de Guyana, es de presumir que cobró honorarios profesionales, y que por ello y otras razones que puedan inferirse, no es imparcial. Incluso, es posible que reciba órdenes de Guyana. ¡Venezuela recuperará el Esequibo!

XXVII.

MEDIDAS PROVISIONALES PARA VENEZUELA[27]

Si bien la CIJ declaró su jurisdicción para sentenciar sobre la validez del Laudo Arbitral de *1899* (LA), así como sobre "la cuestión conexa de la solución definitiva del diferendo concerniente a la frontera terrestre", nada decidirá sobre la frontera marítima, lo cual es un gran problema por las ilícitas concesiones de explotación de recursos petrolíferos otorgadas por Guyana en aguas pertenecientes a Venezuela. Una vez que la CIJ sentencie la nulidad del LA, debe fijar la frontera terrestre (si Venezuela lo demanda con la reconvención reivindicatoria); pero, quedaría pendiente la marítima, es decir, transcurrirían los años con Guyana apoderándose indebidamente de recursos ajenos.

El territorio de un Estado incluye el mar territorial. Guyana no tiene derecho que derive de la soberanía porque no es su territorio marítimo, el cual es accesorio del terrestre. Guyana no tiene derecho a estimar que el territorio marítimo es guyanés (ubicado al norte de la línea de la costa que va desde la desembocadura del río Esequibo hasta Punta de Playa). Como el territorio terrestre es objeto del litigio, también lo es el marítimo, por lo cual Guyana debió abstenerse de hacer concesiones.

---

27 El Universal, 4 de octubre de 2022.

La Corte ha establecido como "principio general" que el territorio es un concepto inseparable de la soberanía. Por ello, si Guyana no es la propietaria de las zonas terrestres ni marítimas (ambas objeto de litigio), no tiene derecho alguno sobre ellas. Ha afirmado la Corte que "una de las notas esenciales de la soberanía es que debe ejercerse dentro de los límites del territorio y que, salvo prueba en contrario, el territorio tiene los mismos límites que la soberanía". En 1951, la CIJ sentenció (RU Vs. Noruega) que "La tierra es la que confiere al Estado ribereño un derecho sobre las aguas adyacentes a sus costas".

Para resguardar sus derechos y porque las circunstancias así lo exigen, mientras esté pendiente el juicio, para evitar sufrir más daños, Venezuela, con urgencia, debe solicitar a la CIJ que decrete las siguientes medidas cautelares: 1) La suspensión de las concesiones que Guyana hizo en la Proyección del Delta, en la que Venezuela ejerce soberanía, donde se encuentran: A) parte del Bloque Pomaroon, otorgado a favor de la empresa canadiense CGX. B) el Bloque Roraima. 2) La suspensión de los efectos de las concesiones otorgadas en la Zona en Reclamación del Bloque Stabroek, a las empresas Shell y ExxonMobil. En este bloque, Venezuela debe solicitar la suspensión absoluta e inmediata de la actividad de exploración y explotación de hidrocarburos.

Algunas de las razones para solicitar las medidas son: 1) De no decretarse se continuarán lesionando los derechos de Venezuela de forma irreparable, dado que Guyana, sin derecho (en posesión ilegítima del territorio en disputa) está explotando recursos naturales que son venezolanos. 2) Guyana, como explica el Dr. Héctor Faúndez Ledesma, "está dañando el medio ambiente, acabando con la biodiversidad, y generando condiciones para que opere el narcotráfico y el crimen organizado... De no dictarse medidas provisionales, el conflicto se agravará".

Los jueces de la CIJ deben percatarse, en el silencio de lo que todavía no pueden expresar, que Guyana estructuró falacias para demandar que la CIJ declare, entre otros puntos, que: *"... b) Guyana disfruta de plena soberanía sobre el territorio entre el río Esequibo y el límite establecido por el Laudo de 1899 y el Acuerdo de 1905... Guyana y Venezuela tienen la obligación de respetar plenamente la soberanía e integridad territorial de cada uno, de acuerdo con la frontera establecida por el Laudo de 1899 y el Acuerdo de 1905... d) Venezuela se abstendrá de amenazar o usar la fuerza contra cualquier persona y/o compañía autorizada por Guyana para realizar actividades económicas o comerciales en el territorio de Guyana según lo determinado por el Laudo de 1899 y el Acuerdo de 1905...".* El literal "b)" es falso porque es imposible que algo sea y no sea al mismo tiempo (principio de no contradicción). Una cosa no es dos cosas a la vez. Si el territorio es objeto de litigio, para determinar la CIJ quién es la propietaria, es falso que Guyana *"disfruta de plena soberanía"*. Tan es así, que Guyana no podría disponer (vender o ceder, aunque su Constitución lo permita) del territorio terrestre o marítimo. El literal "d)" es *falso* porque Guyana no tiene derecho a autorizar a nadie para actividades comerciales (concesiones petroleras), precisamente porque el territorio *es objeto de litigio*. O Guyana es propietaria y tiene derecho a otorgar concesiones, o no lo es y no tiene derecho (principio del tercero excluido). No existe razón que permita a Guyana otorgar concesiones (principio de razón suficiente). Las cosas no son "porque sí o porque no", pues todo obedece a una razón. En síntesis, Guyana miente al establecer las premisas (*falsas*) de que "disfruta de plena soberanía" y que tiene derecho a autorizar actividades económicas en el territorio en litigio. En el territorio en discusión, Guyana ni Venezuela tienen derecho a la explotación de los recursos. Otro sofisma de Guyana es aseverar en su demanda que, desde *1899*, ejerce soberanía, ocultando que el supuesto derecho depende de lo que determine la sentencia.

Además, el Acuerdo de Ginebra (AG) *obliga* a las partes "hasta que la controversia haya sido resuelta", lo cual ocurrirá cuando la CIJ dicte la sentencia. Guyana, al afirmar que ejerce soberanía sobre el territorio en controversia, viola el AG pues éste obligaba (tiempo pasado) a las partes a buscar una solución satisfactoria (opción que se extinguió porque la CIJ deberá decidir respetando el derecho internacional), la cual ahora cambió para un juicio y sentencia, vale decir, que estando vigente la controversia, mal puede Guyana alegar que "ejerce soberanía" sobre el territorio en disputa (busca engañar a la CIJ tratando de que se vea como legítima su posesión, como si no existiera controversia). La soberanía, "como el concepto que expresa ausencia de toda subordinación", no la tiene Guyana, porque no posee el carácter supremo de un poder que no admite ningún otro por encima de él, ni en concurrencia con él. Guyana carece de soberanía externa porque carece de poder suficiente para adquirir compromisos y pactar obligaciones dentro del área que *es objeto de litigio*.

La CIJ debe decretar las medidas, pues de lo contrario los daños serían irreparables porque las concesionarias continuarán extrayendo petróleo *ajeno*, o que puede resultar *ajeno*, dado que existe la posibilidad de que la CIJ declare tanto la nulidad del LA como con lugar la acción venezolana reivindicatoria del territorio, lo que evidenciaría que Guyana y las concesionarias están vendiendo *cosas ajenas*.

XXVIII.

EL PRESIDENTE DE GUYANA MINTIÓ ANTE LA ONU[28]

Guyana demandó que la CIJ declare: "*a) Que El Laudo de 1899 es válido y vinculante... y el límite establecido por ese Laudo y el Acuerdo de 1905 es válido y vinculante; y, b) Que Guyana disfruta de plena soberanía sobre el territorio entre el río Esequibo y el límite establecido por el Laudo de 1899 y el Acuerdo de 1905... Guyana y Venezuela tienen la obligación de respetar plenamente la soberanía e integridad territorial de cada uno de acuerdo con la frontera establecida por el Laudo de 1899 y el Acuerdo de 1905...*".

Al declararse competente, la CIJ adujo (Nº 129) que "*el diferendo que las partes acordaron resolver en virtud del Acuerdo de Ginebra tiene por objeto la validez de la sentencia de 1899 y las implicaciones de esta cuestión sobre la frontera terrestre entre Guyana y Venezuela*". Está claro que, si la CIJ decide que el LA es válido, la frontera fijada por él también lo sería. En cambio, si resuelve que es nulo, tendría que fijar nuevamente la frontera, lo cual Venezuela debe reconvenir, pues si no lo hace, la CIJ podría dejarla como estaba en 1897, con la vigencia del Tratado Arbitral de Washington (como lo dijeron Forbes Burnham y Pedro Lara Peña). Es necesaria esa reconvención para evitar el

---

28 El Universal, 11 de octubre de 2022.

riesgo de que no se fije la frontera y quede Guyana detentando (posesión ilegítima) el territorio, como está actualmente. Para blindar el triunfo, Venezuela debe reconvenir (además de las reconvenciones explicadas en números anteriores) que la CIJ declare: 1) La nulidad del Tratado de Washington. 2) Que Venezuela es la propietaria por sus títulos jurídicos e históricos (acción reivindicatoria), y le corresponde "la plena soberanía".

La CIJ afirmó (N° 130) que "no sería posible resolver de forma definitiva el diferendo… si no se define primero la validez de la sentencia de 1899 relativa a la frontera…"; y reseñó (N° 132) que en las discusiones de diciembre de *1965*, Guayana Británica, el RU y Venezuela, intercambiaron opiniones sobre el informe de expertos que analizaron los documentos, así como acerca de "la búsqueda de soluciones satisfactorias para la solución práctica del diferendo surgido como consecuencia de la posición de Venezuela según la cual la sentencia de 1899 era nula y sin efecto"; y que Venezuela "reafirmó su convicción de que la única solución satisfactoria del problema fronterizo con la Guayana Británica era la *retrocesión* (*devolución*) del territorio *que le pertenece* de pleno derecho"; el RU y Guayana Británica "*rechazaron la propuesta venezolana* por considerar que implicaría afirmar que la sentencia de 1899 era nula y sin efecto, y que semejante afirmación *carecía de todo fundamento*". La Guayana Británica reiteró que "la primera cuestión a examinar era la de la validez de la sentencia de 1899", y que ella "no podía aceptar la posición venezolana según la cual la sentencia de 1899 no era válida"; el RU recordó que "las partes no habían podido llegar a ningún acuerdo sobre la validez de la sentencia de 1899". El representante de Guayana Británica declaró que "él nunca pensó que *la reivindicación territorial* sería discutida *a menos* que la invalidez de la sentencia arbitral de 1899 haya sido abordada y determinada".

La contraparte: 1) En *1965*, afirmó que *"carecía de todo fundamento"* el alegato venezolano de que *"la sentencia de 1899 era nula y sin efecto"*. 2) En *1966*, aceptó el AG, lo cual significó que el objeto de la disputa pasara a: A) la revisión de la validez del LA. B) buscar soluciones satisfactorias para el arreglo práctico de la controversia. C) aceptar (implícitamente) que *la soberanía* (propiedad) y *la posesión* del territorio *quedaron en suspenso*. Tan es así que se incluyó en el AG "el arreglo judicial", para determinar, no el arreglo práctico, sino a quién corresponde el señorío sobre el territorio en disputa. Guyana, por carecer de título, detenta vale decir, posee ilegítimamente el territorio. Guyana, por no tener título, está en posesión dudosa (ilegítima) del territorio porque la validez del LA está ***en suspenso***, por lo que Guyana no disfruta de plena soberanía. **3)** En ningún momento, ni en ***1966*** ni después, los británicos ni los guyaneses señalaron el soporte contra el alegato venezolano de nulidad del LA. La memoria (demanda) de Guyana tampoco explica por qué es válido el LA. No lo hace porque es imposible hacerlo. Por tanto, es falsa la afirmación de que el LA resolvió "la soberanía de forma válida y definitiva". La presunta soberanía (propiedad) de Guyana quedó condicionada a que la sentencia de la CIJ ratifique el LA.

Guyana estableció en su demanda una premisa falsa al pedir que la CIJ declare que *"Guyana disfruta de plena soberanía sobre el territorio entre el río Esequibo y el límite establecido por el Laudo de 1899..."*. La falsedad es indudable porque: 1) se trata del núcleo de la disputa que condujo al AG para determinar la propiedad del territorio (soberanía): 2) incurre en la falacia *petitio pricipi* al postular que *"Guyana disfruta de plena soberanía sobre el territorio"*, sin existir la prueba. 3) Guyana no justifica, nada explica acerca de por qué el LA es válido.

Es absurdo basar la soberanía (propiedad) en el LA, porque está sometida a un acontecimiento futuro e incierto que será la sentencia de la CIJ. Guyana tiene una posesión dudosa no solo porque su título es dudoso, sino también porque se vio obligada a demandar a su verdadera propietaria, o sea, a Venezuela. La posesión de Guyana es una detentación sin título firme. El presidente de Guyana, Mohamed Irfaan Alí, mintió ante la ONU al referirse, el 21-9-22, a la soberanía e integridad territorial de su país. La verdad es que ¡Guyana no tiene derecho a otorgar concesiones en el territorio objeto de litigio!

XXIX.

JAQUE MATE A GUYANA[29]

La demanda de Guyana es fraudulenta porque afirma como ciertos hechos falsos, y oculta hechos verdaderos: 1) *Oculta* el tema medular, que es la validez del LA. 2) *Esconde* su intención de sorprender a Venezuela (deslealtad procesal) con la "doctrina Estoppel" o la de la "aquiescencia", para hacer creer que Venezuela aceptó el LA: a) por lo declarado, el 7-10-*1899*, por José Andrade, ministro de Venezuela en Washington (dijo que resplandeció la justicia porque Venezuela recibió la boca del río Orinoco "que es el fin principal que nos propusimos obtener". b) en diciembre de *1899*, el presidente de EEUU, William McKinley, celebró el LA y su aceptación por ambas partes. c) por la demarcación de la frontera ejecutada, en enero de 1905, por comisiones británicas y venezolanas, y porque un miembro de ésta, Abraham Tirado, declaró al respecto. d) por la elaboración de dos mapas iguales de acuerdo a lo ordenado por el LA. e) por el rechazo de Venezuela de ajustar los límites propuestos, en *1907*, por los comisionados británicos después de hecha la demarcación. f) porque "Venezuela confirmó aún más su reconocimiento" del LA y del Acuerdo de *1905* al trabajar con los comisionados de Brasil para precisar las fronteras. g) que nunca antes de *1962*, Venezuela cambió de posición frente al LA; y que, entre *1941* y *1943*, su canciller, Esteban Gil Borges,

---

29   El Universal, 18 de octubre de 2022.

respondió los reportajes de prensa venezolanos, con las seguridades de que la frontera entre RU y Venezuela era cosa juzgada y que lo expresado no era compartido por él y su Gobierno. La tentativa de engaño la ratifica Guyana al alterar el sentido (falsificación) de la jurisprudencia del caso Honduras-Nicaragua, buscando engañar a la CIJ para aplicarla a Venezuela, lo cual es un exabrupto, porque son *casos distintos* porque no existió en ese caso un tratado como el AG, y porque el laudo del rey de España no fue fraudulento como lo es el LA.

Teniendo presente que la doctrina Estoppel niega a los Estados obtener la nulidad de un laudo arbitral o de un tratado viciados, si después de conocer esos vicios, el Estado afectado continúa voluntariamente cumpliendo y sin objeciones las estipulaciones correspondientes, o ha ejecutado actos o firmado documentos que impliquen una aceptación expresa de los mismos, véase que cuando Guyana invoca en la demanda hechos ocurridos antes de 1966 (intentado configurar el Estoppel que la CIJ aplicó contra Nicaragua en *1960*), *oculta* que en el AG *aceptó* revisar la validez del LA, hecho que no le permite alegar aquiescencias o Estoppel. Independientemente de que Guyana esperó 52 años para invocar esos hechos, por lógica, es irracional firmar el AG para después revisar su validez y que, al mismo tiempo, estuviese ocultando, en febrero de *1966*, los supuestos derechos o convalidaciones inherentes a las aquiescencias o al Estoppel, los cuales, como no se alegaron en *1966*, no pueden esgrimirse hoy. Guyana, en su demanda, se contradice e incumple el AG. No dudo que sus alegatos son improcedentes y se declarará la nulidad del LA.

Cuando el Estoppel lo opone el demandado, es la defensa contra el demandante por asumir una posición que desdice lo que antes *admitió*. Por tanto, Guyana, en su libelo, asumió una posición *contraria* a la expresada en el AG. Éste, cuando salvaguarda los derechos de las partes, se refiere tácita o implícitamente a los títulos de propiedad que pudiera tener el RU, es decir, a lo que prevén las reglas del Tratado Arbitral de *1897*; pero no abarca los derechos inherentes a conductas relacionadas con aquiescencias o Estoppel, porque, precisamente, el objeto del AG es revisar la nulidad del LA y, claro es, ello conlleva la renuncia a aducir hechos que, casualmente, ahora son el *único soporte* de la demanda guyanesa. Afirmar lo contrario sería tanto como decir que el RU y Guyana lograron engañar a Venezuela, lo cual sería inaceptable por irracional y fraudulento.

En conclusión, Venezuela debe alegar en la contramemoria que Guyana asumió en su demanda una postura *contraria a la que aceptó* en el AG, por lo cual lo incumple. El RU y Guyana admitieron expresamente revisar la validez del LA. Lo alegado acerca de que Venezuela aceptó tácitamente el LA es absolutamente opuesto a lo que se convino revisar. Guyana, evadiendo el deber de explicar la validez del LA, *miente* al decir (N° 33) que, desde *1899*, Venezuela lo *aceptó*, y que fue en *1966* cuando planteó su nulidad.

Para distorsionar la verdad, Guyana manipula al decir (N° 39) que en *1962* Venezuela cambió su posición oficial (reclamó en la ONU) acerca de la frontera fijada por el LA, sencillamente porque ese fue el objeto del AG.

Cuando Guyana (intentando aparentar la aceptación de Venezuela) invoca hechos de *1899, 1905, 1907, 1940 y 1943*, con ello viola el AG porque éste revocó tácitamente cualquier aceptación que hubiese podido hacer Venezuela desde que se dictó el LA.

Los argumentos guyaneses expuestos, incluido lo de Gil Borges, no fueron mencionados en las reuniones celebradas en *1963, 1965* en Londres, ni en Ginebra en *1966*, antes de firmarse el AG. ¡Venezuela vencerá a Guyana en el juicio!

XXX.

VENEZUELA GANARÁ
EL JUICIO A GUYANA[30]

Guyana demandó a Venezuela para que la CIJ declare la validez del Laudo Arbitral de *1899* (LA), con base *únicamente* en el hecho de que Venezuela lo *aceptó* por no reclamar, y porque lo ratificó tanto al fijar la frontera que él ordenó como al ejecutar hechos ocurridos entre *1899* y 1943 (aquiescencia o Estoppel). Guyana perderá el juicio porque ese bodrio es su *único* alegato y en el Acuerdo de Ginebra de *1966* (AG) las partes aceptaron revisar la validez del LA, lo cual impide que Guyana pueda invocar la jurisprudencia del Estoppel porque el AG se firmó después de las supuestas ratificaciones de Venezuela.

Implícitamente, el AG impide que Guyana invoque esa jurisprudencia. El artículo **V.1.** del AG no se presta a confusión. Dice: "… *nada de lo contenido en este Acuerdo será interpretado como una renuncia o disminución por parte de Venezuela, el Reino Unido o la Guayana Británica de cualesquiera bases de reclamación de soberanía territorial… o de cualesquiera derechos que se hubiesen hecho valer previamente… o como prejuzgando su posición con respecto a su reconocimiento o no reconocimiento de un derecho a reclamo o base de reclamo por cualquiera de ellos sobre tal soberanía territorial*". ¿Cuáles son

---

30   El Universal, 25 de octubre de 2022.

las "bases de reclamación" de los derechos que cada país hizo valer antes de 1966?. ¿Qué quiso salvaguardar el RU? Si vemos que él, desde 1899, quedó satisfecho con el LA (nada reclamó, salvo la exigencia coactiva de que Venezuela demarcara la frontera que ordenó el LA), la conclusión es que el artículo se refiere más a Venezuela, pues lo único que beneficia al RU es que el AG no prejuzga acerca de los supuestos derechos de Venezuela, sin perjuicio de lo que se decida sobre la nulidad del LA. Significa que nada se prejuzga acerca de los derechos de propiedad del RU. Según el artículo V.1. del AG, su adopción no implica renuncia o disminución de los derechos que acreditó el LA; y que no se prejuzgan por convenir las partes en la revisión de la nulidad o la validez del LA.

Es contrario a derecho alegar, en *2018*, que Venezuela convalidó el LA en *1905, 1907* o *1943*, dado que el RU y Guyana aceptaron revisar en el AG (*1966*) la validez del LA y se establecieron los medios para determinarlo, y es lo que decidirá la CIJ. ¿Acaso es lógico convenir las partes en revisar si el LA es nulo, si Venezuela lo convalidó entre *1899* y *1966*? La respuesta es *no*. Cuando se firmó el AG, el RU y Guyana renunciaron tácitamente al derecho a alegar aquiescencias. ¡Por esto, Venezuela ganará el juicio! ¿Por qué no alegaron eso en *1966* como excusa para no firmar el AG? Cuando Guyana aceptó revisar la nulidad del LA, abrió la posibilidad de que la CIJ la declare, tal como está planteado ahora. Una vez declarada la nulidad, su efecto será reponer las cosas al estado que tenían en *1899*, como si nada hubiese ocurrido. La CIJ se colocará en ese año y dictará nueva sentencia, debiendo acatar el Tratado Arbitral de *1897* (por ello, Venezuela debe reconvenir a Guyana su nulidad). Decir que el AG no puede entenderse como renuncia o disminución de los derechos de cada país es intrascendente, pues lo determinante es que la CIJ examinará el LA y declarará su nulidad o validez.

El AG es tajante en cuanto a que, durante su vigencia, ninguna actividad servirá de fundamento para *apoyar* o *negar* derechos de reclamación territorial ni para crear nuevos derechos de propiedad. Lógicamente, el AG dejó sin efecto cualquier reconocimiento que Venezuela hubiese hecho del LA (de los que ahora alega Guyana). Ésta, en su demanda, se refiere a actos anteriores a *1966*; y los posteriores los prevé el AG en su artículo *V.2*: "*Ningún acto o actividad que se lleve a cabo mientras se halle en vigencia este Acuerdo constituirá fundamento para hacer valer, apoyar o negar una reclamación de soberanía territorial en los territorios de Venezuela o la Guayana Británica, ni para crear derechos de soberanía en dichos territorios*".

En la sentencia del 18 de diciembre de 2020, en la que asumió su jurisdicción, la CIJ concluyó expresando (N° 135) "*que las pretensiones de Guyana sobre la validez de la sentencia de 1899... así como la cuestión conexa de la solución definitiva del diferendo concerniente a la frontera terrestre... son objeto del diferendo que las Partes convinieron solucionar por medio... del Acuerdo de Ginebra*". En el N° 136 establece que "*el alcance del diferendo que las Partes han convenido resolver... está circunscrito... al 'diferendo que surge... de la posición de Venezuela que sostiene que la sentencia arbitral de 1899... es nula y sin efecto'... la jurisdicción de la Corte está limitada... a las demandas que las Partes hayan podido formular para la fecha del Acuerdo de Ginebra, es decir, el 17 de febrero de 1966. Esto es, que las pretensiones de Guyana fundadas en hechos ocurridos con posterioridad a esta fecha no entran en el campo de la competencia ratione temporis de la Corte*".

En conclusión, la demanda de Guyana es contraria a derecho y absurda porque el AG *impide* alegar (virtualmente prohíbe) supuestas convalidaciones de Venezuela que permitan a la CIJ declarar la validez del LA por hechos acontecidos antes de *1966*.

Es imperativo cumplir el mandato del AG que es decidir si el LA es válido o nulo, lo cual excluye la convalidación de Venezuela por aquiescencia o Estoppel. En su demanda, Guyana viola el AG al querer impedir que la CIJ revise la nulidad del LA.

XXXI.

¿POR QUÉ VENEZUELA GANARÁ EL JUICIO A GUYANA?[31]

El artículo *28* del Estatuto de la CIJ indica que su función *"es decidir conforme al derecho internacional las controversias"*, y el artículo 53.2. *ibídem* ordena que antes de dictar su decisión, la CIJ deberá asegurarse *"de que la demanda está bien fundada en cuanto a los hechos y al derecho"*. El artículo 38.2 del Reglamento de la CIJ dice que la solicitud de incoación del juicio deberá indicar *"una exposición sucinta de los hechos y fundamentos (de derecho) en que se basa la demanda"*. Venezuela ganará el juicio porque es imposible declarar con lugar lo alegado por Guyana pues la demanda: 1) No está fundada en el *derecho*. 2) Los hechos invocados son *falsos*. Sería fraudulento dar cabida en derecho a la demanda de Guyana, porque está fundada en hechos que ella misma falsificó (N° 9, *Institute Proceedings*), al manipular la doctrina sentada en la sentencia del caso Nicaragua-Honduras (CNH).

No está fundada en *derecho* porque el *único* punto de derecho que invoca Guyana lo falsificó por afirmar que la prolongada aceptación del Laudo por parte de Venezuela *"desde 1899 hasta 1962, recuerda el Laudo Arbitral dictado por el Rey de España el 23 de diciembre de 1906 (Nicaragua Vs. Honduras),*

---

[31] El Universal, 1 de noviembre de 2022.

donde la Corte rechazó la demanda similar de que el Laudo de 1906 de la frontera entre Nicaragua y Honduras era `nulo y sin efecto´, porque `Nicaragua por expresa declaración y conducta, reconoció el Laudo como válido, y que Nicaragua no puede dar marcha atrás de ese reconocimiento´ ".

Como Guyana alega que Venezuela no puede solicitar la nulidad del LA porque lo aceptó, significa que *falseó* su *único* fundamento de *derecho* porque *no es cierto* que la jurisprudencia del CNH sea aplicable a Venezuela, ya que: 1) En el CNH no existía un tratado como el Acuerdo de Ginebra de *1966* (AG) mediante el cual las partes otorgaron vigencia al pleito y renunciaron implícitamente al Estoppel (desistimiento a reclamo derivado de la conducta asumida). 2) El laudo del rey de España (LRE) fue motivado. De opuesto, el LA es absolutamente inmotivado, nada explica. 3) El LRE cumplió las formalidades, en tanto que el LA es fraudulento por carecer de razonamiento; los árbitros ni siquiera transcribieron o reseñaron los argumentos de Venezuela, sino que optaron por el silencio porque no pudieron justificar lo decidido. 4) En el caso de Venezuela, la CIJ no podrá decir que por no ser "un tribunal de apelación" (como lo sostuvo en el CNH) no puede entrar a conocer lo que alegará Venezuela en su contramemoria contra la validez del LA, dado que el AG prevé que la CIJ decida sobre la validez del LA, y Guyana así lo demandó. 5) En el caso de Venezuela, ningún Presidente (como ocurrió con uno de Nicaragua) felicitó al RU "por haber ganado la partida", ni dijo "que la enojosa cuestión de los límites se había resuelto de modo satisfactorio". 6) La CIJ dijo que Nicaragua reconoció el laudo como obligatorio y ya no podía retractarse, y que el hecho de que Nicaragua no hubiera planteado nada contra la validez del laudo durante varios años, después de conocerlo, confirmaba esa conclusión. 7) Incluso, dijo la CIJ, aunque no hubiera habido repetidos actos de reconocimiento y las reclamaciones hubieran sido formuladas oportunamente, el

148

laudo es válido. 8) La primera objeción de Nicaragua era que el rey de España excedió los límites de su competencia (abuso), al no observar las reglas del Tratado Gámez-Bonilla, pero la Corte no aceptó el argumento. 9) Nicaragua alegó que el laudo era nulo por un error esencial, pero la Corte dijo que la valoración de documentos y demás pruebas es discrecional y no pueden ser impugnados. 10) El último motivo de nulidad alegado fue la supuesta insuficiencia de razones de las conclusiones del árbitro, que fue rechazado por la Corte. 11) Honduras alegó una presunción a favor del laudo porque presentaba todas las apariencias externas de regularidad, añadiendo que correspondía a Nicaragua la carga de refutar la presunción y probar que el laudo era nulo. Al contrario, el LA, por carecer de argumento, es *arbitrario* y producto del abuso de poder; y no cumplió los requisitos del Tratado Arbitral de *1897*.

En cuanto a los hechos, la demanda es improcedente por ser falsos: A) Es falso (Nº 4) que *"En todo momento después del Laudo de 1899 y el Acuerdo de 1905, hasta la independencia de Guyana en 1966, el Reino Unido... aceptó que el Laudo y el acuerdo finalmente resolvieron todas las reclamaciones territoriales y fijó los límites permanentes... Todo el tiempo, desde su independencia en 1966, Guyana aceptó que el Laudo de 1899 y el Acuerdo de 1905 son válidos y legalmente obligatorios tanto para Guyana -como sucesora del Reino Unido- como para Venezuela, y que la frontera siempre ha sido la que fijó el Laudo Arbitral de 1899 y el Acuerdo de 1905"*. Como se ve, Guyana miente con ese razonamiento, pues oculta que el AG definió la disputa y concretó los medios para controvertir la validez del LA, por lo cual es imposible argumentar que, desde 1966, para Guyana sea válido y *no discutido* el LA. Guyana, con *mentiras*, pretende patentizar un estatus de aquiescencia de Venezuela (premisa falsa). B) Es falso (Nº 5) que "entre 1899 y 1962 Venezuela, repetidamente, haya expresado su incondicional aceptación de la validez legal y fuerza obligatoria del Laudo Arbitral de 1899 y del Acuerdo de 1905". Oculta Guyana que Venezuela jamás aceptó el LA. Tan es así, que, en *1899*, su agente en el tribunal arbitral, J.M. Rojas, calificó la sentencia de "irrisoria y manifiesta injusticia"; e Ignacio Andrade, presidente de Venezuela, afirmó, en 1899, "el laudo sólo había restituido a Venezuela una parte de su territorio usurpado". Guyana afirma (N° 6) que fue en 1962 que Venezuela cambió de posición. Guyana busca que la CIJ vea el comportamiento y la actitud de Venezuela (como los de Nicaragua) como prueba de que aceptó el LA, y que durante varios años no formuló objeción. C) Es falso (N° 9) que "Venezuela no ha producido ninguna prueba para justificar su tardío rechazo del Laudo Arbitral de 1899". *La mentira* es irrefragable porque Venezuela presentó las pruebas que causaron que ¡los británicos aprobaran el Acuerdo de Ginebra!, incluido el escándalo de Severo Mallet-Prevost.

XXXII.

PARA EL PRESIDENTE DE EXXONMOBIL[32]

Respetado señor Darren Woods, presidente del Consejo de Administración y director ejecutivo de ExxonMobil Corporation: Hoy, 8 de noviembre de 2022, escribo para informar a usted y a los directores de esa empresa, que la República Bolivariana de Venezuela ganará el juicio que contra ella sigue la República Cooperativa de Guyana en la Corte Internacional de Justicia (CIJ), por la propiedad del territorio Esequibo y su área marítima. En 2018, Guyana demandó la declaratoria de validez del Laudo Arbitral de *1899* (LA) que adjudicó dicho territorio al Reino Unido de Gran Bretaña e Irlanda del Norte (RU). Señor Woods, no soy adivino; pero conozco el derecho, y en este caso, estando integrada la CIJ por jueces honestos, iconos de orgullo de sus países, afirmo que el juicio lo ganará Venezuela.

El Esequibo y sus 250 kilómetros de costa, desde la desembocadura del río Esequibo hasta Punta de Playa, así como el área marítima ubicada al norte de dicho territorio concedida a ustedes por Guyana para la explotación de hidrocarburos (Stabroek) *son objeto de litigio judicial* desde el año *2018*, es decir, la propiedad de ese territorio está en discusión, y su titular será el país que decida la CIJ.

---

32 El Universal, 8 de noviembre de 2022.

La disputa diplomática intensa comenzó en la ONU en *1962*, con la reclamación de Venezuela. La controversia legal se inició en *1966* cuando fue firmado el Acuerdo de Ginebra (AG) por el RU, Venezuela y Guyana, quienes convinieron en *revisar* el LA por la disputa de Venezuela de que es "nulo y sin efecto". ExxonMobil solicitó y aceptó concesiones en áreas de las que Guyana *no puede disponer* por encontrarse la propiedad en discusión y ser objeto de litigio.

Por lo que ExxonMobil invierte (exploración y explotación de hidrocarburos; gastos de los abogados de Guyana; campaña publicitaria para colocar a Guyana como propietaria del territorio, etc.), supongo que usted, la junta directiva y los accionistas, confían en que Guyana ganará el juicio. Puedo asegurarle que esa premisa, más que riesgosa, es errada porque el juicio, itero, lo ganará Venezuela.

No sé si ustedes son conscientes de que para la CIJ es imposible sentenciar a favor de Guyana. Permítame explicar por qué: 1) el LA, que adjudicó al RU el Esequibo, es nulo absolutamente: a) por ser totalmente inmotivado; b) por abuso de los árbitros; y c) por fraude procesal de ellos combinados con el RU. Para los árbitros fue imposible fundamentarlo porque no había manera de dar la razón al RU. 2) Guyana (en su *Instituting Proceedings*) invoca únicamente un *derecho* que *no existe*, porque la jurisprudencia del caso Honduras-Nicaragua *no es aplicable* al caso Guyana-Venezuela. Guyana mintió a la CIJ al afirmar que los casos son similares, cuando en verdad no lo son, entre otras razones porque en el caso de Venezuela existe el AG. Señor Woods, no existe fórmula legal para armar una "aquiescencia" o "Estoppel" contra Venezuela, debido a que el AG extinguió el derecho de reclamo relacionado con la actitud o aquiescencia de Venezuela, porque se convino, precisamente, en determinar si el LA es nulo o válido, asunto que decidirá la CIJ. 3)

Guyana falsificó los hechos porque *es falso* que desde *1899* hasta *1966* (independencia de Guyana) ésta y el RU hayan creído que el caso se resolvió y considerado que finalizó la controversia. *Es falso* que, entre *1899* y *1962*, Venezuela, repetidamente, haya expresado su incondicional aceptación de la validez del LA. Venezuela protestó continuamente desde el momento en el que conoció ese infeliz laudo; jamás lo aceptó. Así, en *1899*, su agente ante el tribunal arbitral, J.M. Rojas, calificó la sentencia de "irrisoria y manifiesta injusticia"; e Ignacio Andrade, presidente de Venezuela, afirmó que "el laudo sólo había restituido a Venezuela una parte de su territorio usurpado". Guyana *oculta en su demanda* que el AG definió la disputa, fijó sus extremos, y concretó los medios para controvertir la validez del LA. Guyana, con *mentiras*, pretende patentizar un estatus de aquiescencia de Venezuela, a cuyo efecto afirma en la demanda que fue en *1962* que Venezuela cambió de posición, buscando que la CIJ vea el comportamiento de Venezuela como el de Nicaragua, porque durante varios años no objetó el Laudo del rey de España. No existe evidencia alguna para justificar que fue tardío el rechazo venezolano al LA, pues la verdad es que presentó las pruebas que causaron que ¡los británicos aprobaran el Acuerdo de Ginebra!, incluida la denuncia de Severo Mallet-Prevost.

La audacia es esencial para el éxito de los negocios; pero existen límites legales, éticos y morales, para no incurrir en salvajismo. El respeto a la ley es un rumbo que da buenos frutos y permite a las empresas atravesar tormentas y salir robustas. Señor Woods, estudiosos dicen que el mundo se está extinguiendo y que es imperativo volver a la época de las luces. No olvide las sabias palabras del papa Benedicto XVI: *"Lo que queda después de suprimir la verdad solo es simple decisión nuestra y, por tanto, arbitrario. Si el hombre no reconoce la verdad, se degrada; si las cosas sólo son resultado de una decisión, particular o colectiva, el hombre se envilece".*

Señor Woods, por favor, no olvide esto, por el bien de la empresa que dirige: *"Porque nada podemos contra la verdad, sino por la verdad"*. Reciba un cordial saludo, atentamente. nelsonramirez@hotmail.com

XXXIII.

LA JURISDICCIÓN DE LA CIJ[33]

En diciembre de *2016*, Venezuela objetó la recomendación del secretario general de la ONU (SGONU), Ban Ki-moon, de recurrir a la CIJ para dirimir con Guyana la controversia sobre Esequibo. En enero de *2018*, el SGONU, Antonio Guterres, decidió remitir la disputa a la CIJ. En junio de *2018*, Venezuela notificó a la CIJ que no participaría en el proceso por considerar que carece de jurisdicción, y ofreció reanudar las negociaciones con Guyana dentro del Acuerdo de Ginebra de *1966* (AG). En abril de *2019*, Venezuela confirmó su no participación. En diciembre de *2020*, la CIJ decidió que tiene jurisdicción para conocer la demanda de Guyana.

En julio de *2022*, Venezuela opuso su segunda cuestión preliminar, esta vez la inadmisibilidad de la demanda para que la CIJ declare que el RU es parte indispensable en el proceso y que, sin él, no puede haber juicio; y que mientras se decida la cuestión preliminar se suspenda el procedimiento de fondo.

No comparto el rechazo a someterse a la jurisdicción de la CIJ. Al contrario, partiendo de que Venezuela tiene la razón, debemos afirmar que ganará el juicio y recuperará el Esequibo. Jurídicamente no existe nada que temer, salvo el natural riesgo de todo juicio. Me parece absurdo insistir en volver a la mesa de

---

[33] El Universal, 15 de noviembre de 2022.

negociación con Guyana para buscar la "solución práctica" que quiso el AG. Guyana tomará la idea cuando sea consciente de que perderá el juicio.

El historiador venezolano, Manuel Alberto Donís Ríos, anota (El Esequibo es Nuestro. Contestación a Guyana, Colección Visión Venezuela, Konrad Adenauer Stiftung, 2018, pp. 42-43) que *"Venezuela solo pretende que Guyana cumpla con lo establecido en el Acuerdo de Ginebra: buscar soluciones satisfactorias para el arreglo práctico de la controversia"*. Donís trae a colación el texto del padre Hermann González Oropeza, quien fue asesor experto de la cancillería venezolana, e indicó reiteradamente *"la inconveniencia que resultaría para Venezuela aceptar litigar en la CIJ"*. Explica Donís que González expresó: *"... implicaría desvirtuar una postura permanente de más de 60 años. Igualmente, al hacerlo se tendría que negociar un Tratado adicional que facultase a la Corte Internacional de Justicia a discutir una nueva frontera porque nunca esa entidad jurídica aceptaría emitir una nueva decisión teórica sobre la nulidad de un Laudo, dejando una frontera vacía... la misma (la salida judicial) significaría descartar los nuevos problemas territoriales presentes entre Venezuela y Guyana, que iban (van) más allá del Laudo y debían (deben) resolverse entre los dos países, tales como mar territorial y zona económica exclusiva"*.

Donís acota: *"¿Por qué no agotar los otros medios de solución pacífica contemplados en el artículo 33 de la Carta de la ONU? El artículo IV del Acuerdo de Ginebra establece que, si uno de los medios escogidos no diera resultados, el secretario general de las Naciones Unidas escogerá otro de los medios estipulados en el artículo 33 de la Carta de las Naciones Unidas, y así sucesivamente""*.

En consecuencia, pregunta Donís, "¿Puede el secretario general de la ONU decidir que se agotaron los medios sin pasar por ellos y que el asunto debe elevarse a la Corte Internacional de Justicia? ¿Luego de 32 años de negociaciones podía pasarse directamente al arreglo judicial?

Para Donís la conclusión resulta obvia: "*El secretario general de la ONU no tiene competencia para forzar unilateralmente a Venezuela a comparecer ante la Corte Internacional de Justicia. Solo puede, en virtud del artículo IV, párrafo 2, de Acuerdo de Ginebra, colaborar con las partes en la elección de los medios de solución de la controversia*".

Guyana alegó que la CIJ tiene jurisdicción según el artículo 36.1. de su Estatuto ("*La jurisdicción de la Corte se extiende a todos los litigios que las partes le sometan y a todos los asuntos especialmente previstos en la Carta de las Naciones Unidas o en los tratados y convenciones vigentes*") porque hubo consentimiento mutuo de Guyana y Venezuela, dado en el artículo IV.2 del AG (el SGONU escogerá sucesivamente los medios previstos en el artículo 33 de la Carta de la ONU hasta que la controversia haya sido resuelta, o hasta agotar los medios de solución previstos en dicho artículo), y que, por ello, el SGONU eligió, en 2018, a la CIJ como "*el medio que ahora debe ser utilizado*". Venezuela alega que no accedió a la jurisdicción prevista en el artículo 36.1.; y argumenta que la CIJ carece de ella porque no existe consentimiento de las partes y, además, no está definido el alcance de la disputa a resolver ni los elementos a tener en cuenta para resolverlo (Venezuela pasó por alto el Tratado Arbitral de 1897). Para Venezuela, el AG exige que se llegue a un acuerdo amistoso a través de una solución práctica, satisfactoria para ambas partes, hasta agotar todos los medios del artículo 33 aludido.

Venezuela alega que el AG no constituye un *convenio* acerca del artículo 36.1. del Estatuto, y que el efecto del AG es que el SGONU escoja los medios de solución. Arguye Venezuela que el *AG no otorga* jurisdicción a la CIJ; y no se trata de un *acuerdo autónomo o de ejecución automática* en lo que respecta a la jurisdicción; y, para materializar la elección del SGONU, es necesario cumplir, de acuerdo al Estatuto, un *acuerdo especial*. Venezuela dice que se trata de la misma situación de las cláusulas compromisorias que obligan a los Estados a recurrir al arbitraje, que no son suficientes para otorgar jurisdicción a un tribunal arbitral, pues se requiere un *acuerdo especial*. Venezuela sostiene que si Guyana tuviera razón al afirmar que el AG *"funciona como cláusula de compromiso que confiere competencia a la Corte"*, el artículo IV.2 no especifica que la jurisdicción de la CIJ pueda activarse mediante una solicitud, tal como lo indican expresamente algunas cláusulas compromisorias. Debe presumirse que existe la *necesidad* de un *acuerdo conjunto* para que la CIJ tenga jurisdicción.

Dice Venezuela que Guyana se basa en una *base falsa*, pues el AG indica únicamente que el SGONU elegirá entre los medios de solución de controversias del artículo 33 de la Carta de la ONU (la negociación, la investigación, la mediación, la conciliación, el arbitraje, el arreglo judicial, el recurso a organismos o acuerdos regionales u otros medios pacíficos de su elección); pero la CIJ, insiste Venezuela, ha observado en su sentencia de agosto 1999 (India Vs. Pakistán) que el artículo 33 no es una *"disposición específica en sí misma que confiera jurisdicción obligatoria de la Corte"*, y que no es base para la jurisdicción de la CIJ. Venezuela sostiene que es absurdo que dicho artículo sea el fundamento de la jurisdicción de la CIJ, la cual decidió que el AG prevé *"el acuerdo judicial"*, es decir, acudir ante ella.

Venezuela aduce que existe *discrepancia* entre el *objeto de la controversia en virtud del AG, y el objeto de la solicitud* de Guyana, punto que considero no es cierto porque si bien el *objeto* del AG es buscar una solución práctica satisfactoria para ambas partes, la causa de esto fue el planteamiento de la nulidad del LA, lo cual aceptaron revisar (discutir) las partes, y si no acordaban la delimitación territorial, pondrían el pleito en manos del SGONU para escoger el camino de solución del conflicto, y él seleccionó a la CIJ. En *2020*, la decisión de la CIJ fue que su Estatuto no impide que las partes expresen su consentimiento a través del mecanismo establecido en el artículo IV.2. del AG; y que la decisión del SGONU no sería efectiva si estuviera sujeta al consentimiento adicional de las partes, lo cual sería contrario al objeto y propósito del AG. La CIJ sentenció que no es necesario un acuerdo entre las partes para ella conocer la controversia; y fue enfática en cuanto a que lo decidido por el SGONU no es una recomendación (alegato de Venezuela), sino que las partes le confiaron la decisión vinculante del medio escogido.

En su momento, Donís Ríos escribió: "*La Corte deberá decidir ahora si tiene jurisdicción para resolver el diferendo y luego conformar la validez legal y el efecto vinculante del Laudo de París de 3 de octubre de 1899, tal como lo argumenta Guyana. Pero, para ello, deberá contar con la aceptación oficial expresa de Venezuela de acudir a esta instancia judicial internacional*" (*ob. cit.*, p. 47).

Acertadamente, la CIJ decidió, el 18 de diciembre de *2020*, que tiene jurisdicción y que una interpretación del AG que excluya la posibilidad de una solución judicial lo privaría de su efectividad y encerraría a las partes "*en un proceso interminable de negociación diplomática, donde una resolución exitosa podría ser evitada permanentemente por cualquiera de ellas*". Después de 52 años del AG, la CIJ aceptó que el SGONU no agotara *todas* las opciones del artículo 33. Guyana, el SGONU y la CIJ, consideran que, con la tesis de Venezuela, el derecho no sería operativo y la discusión podría ser infinita.

En cuanto a la segunda cuestión preliminar opuesta por Venezuela, presentada el 3 de julio de *2022*, es decir, la inadmisibilidad de la demanda de Guyana porque debió demandar conjuntamente con el RU, la cual fue contestada por Guyana el 15 de julio de *2022*, está pendiente su decisión por parte de la CIJ, Opino que será desestimada (ver *supra* números 35 y 36). Venezuela perderá las dos incidencias; ¡pero ganará el juicio y recuperará el Esequibo!

XXXIV.

EL CASO *MONETARY GOLD* NO SE APLICA A VENEZUELA[34]

Existe un bloque integrado por el Tratado Arbitral de *1897* (TA), el Laudo Arbitral de 1899 (LA) y el Acuerdo de Ginebra de *1966* (AG). En éste, el RU y Venezuela acordaron revisar la validez del LA. El TA es el primer *compromiso* "para determinar la frontera", es decir, para establecer a cuál país (Guyana o Venezuela) pertenece el Esequibo. El TA y el AG son mandatos vigentes para la CIJ, los cuales deberá interpretar. Del AG se extinguieron casi todas sus normas desde que la disputa está en manos de la CIJ, pero se mantiene la orden a ésta de precisar si el LA es válido o nulo, y también funciona como el segundo compromiso.

Los argumentos de Venezuela para objetar preliminarmente la jurisdicción de la CIJ son: 1) Que Venezuela no ha consentido en ello, pues el AG exige que se llegue a un acuerdo amistoso a través de una solución práctica, y que se agoten *todos* los medios del artículo 33 de la Carta de la ONU. 2) que no está definido *el alcance* de la disputa ni *los elementos a tener en cuenta* para resolverla. Esa afirmación es errónea porque el TA y el AG son los *compromisos*.

---

[34] El Universal, 22 de noviembre de 2022.

Cuando Venezuela conteste el fondo de la demanda, debe reconvenir (contrademandar) la nulidad del primero, para cerrar el paso por una rendija peligrosa.

La CIJ, en su decisión de diciembre de 2020, admitió la solicitud de Guyana y aplicó el TA para decir que en él *"se utilizó el término `controversia´ al referirse a la disputa original que fue sometida al tribunal arbitral establecido bajo el Tratado para determinar la línea de delimitación…"*. Esto indica que para determinar *"el alcance"* y *"los elementos a tener en cuenta"*, la CIJ se fundamentará en el TA y el AG para sentenciar.

El procedimiento ante la CIJ se inicia: 1) mediante una *solicitud* (como lo hizo Guyana); y, 2) mediante la notificación de un *compromiso*. El LA fue consecuencia del *compromiso* que significó el TA, es decir, en éste se fijaron las reglas que debieron respetarse en el LA. El AG también funciona como compromiso en caso de que sea anulado el LA, pues ordena resolver la controversia; y la decisión del *2020* de la CIJ dice: *"que es competente para conocer de las pretensiones de Guyana relativas a la validez de la sentencia de 1899 sobre la frontera... así como de la cuestión conexa de la solución definitiva del diferendo concerniente a la frontera"*.

La jurisdicción de la CIJ tiene los *consentimientos* del RU y Venezuela, expresados en el TA (para el LA) y en el AG, al aceptar, como medio de solución de la controversia, *"el acuerdo judicial"*. Guyana, como causahabiente (cesionaria) del RU, aceptó el TA y el AG (lo suscribió); y en su demanda invoca el TA, el AG y la validez del LA.

Venezuela alega que la CIJ carece de jurisdicción, y, basada en el precedente sentado en el caso *Monetary Gold,* que la demanda de Guyana es *inadmisible* porque el RU no es parte en el juicio, y es indispensable que lo sea por tener interés en el pleito; que sin la presencia del RU no puede admitirse la demanda; el

RU no solo se vería afectado por la sentencia, sino que sería el objeto mismo de la decisión sobre el fondo; es decir, aduce Venezuela, se afectarían derechos y obligaciones de un Estado ausente. Fue el RU, alega Venezuela, no Guyana, quien fue parte en el TA y en el LA; y también fue el RU quien interfirió en esos procedimientos y es responsable del fraude y corrupción cometidos, enfatiza Venezuela.

Varios países eran parte del juicio *Monetary Gold;* pero había una controversia entre Italia contra Albania, que la CIJ decidió que no podía decidir sin el consentimiento de Albania, y que, de hacerlo, quebrantaría el principio de que la CIJ solo puede ejercer jurisdicción sobre un Estado cuando éste consienta en ello. Dijo la CIJ *"no se trata solamente de que intereses jurídicos de Albania serían afectados por el fallo; se trata de que esos intereses constituirían precisamente el objeto del fallo".*

Lamentablemente, Venezuela verá desestimados ambos argumentos porque: 1) el caso *Monetary Gold* es distinto al de Venezuela; 2) el RU formó parte del TA y del AG, y cedió sus derechos y obligaciones a Guyana; 3) Albania tenía interés en las resultas del pleito y no era parte en él. Italia pidió que Albania fuese condenada. Venezuela debe reconvenir a Guyana por la falsificación que el RU hizo de los mapas y solicitar que éste sea traído al juicio.

No está acertada Venezuela (N° 134, decisión del 2020), acerca de que *"Si la Corte afirma su jurisdicción sobre los reclamos de Guyana, entonces el Acuerdo de Ginebra se dará por terminado sin haber satisfecho el objetivo final que motivó su celebración, a saber, una solución práctica, aceptable y satisfactoria del diferendo territorial. Decidir sobre la validez del Laudo de 1899 no servirá para este propósito. Por el contrario, dificultará la solución".* Tampoco es acertado afirmar que, si la CIJ decide que tiene jurisdicción, significará que viola el AG; e implicaría que no puede resolver la disputa bajo los términos del AG porque no está en posición de encontrar "una solución práctica, aceptable y satisfactoria de la controversia". También está errada Venezuela cuando afirma que cualquier fallo de la CIJ sobre el fondo de la demanda no resolvería la disputa como se contempla en el AG. El AG, al prever el "arreglo judicial", que es un medio litigioso, se apartó de los otros medios (la negociación, la investigación, etc.), a la vez que eliminó la posibilidad de la solución práctica satisfactoria para ambas partes, y pone en las manos de la CIJ la solución de la controversia.

Al contestar el fondo, Venezuela debe intentar varias reconvenciones (contrademandas contra Guyana) como nunca antes en la historia de la CIJ. Guyana ganará la incidencia preliminar en cuestión porque la CIJ decidirá que tiene jurisdicción.

XXXV.

¡INCLUIR AL RU NO ES INDISPENSABLE PARA EL JUICIO![35]

Venezuela opuso (defensa preliminar de forma) la inadmisibilidad de la demanda de Guyana, para lo cual alegó la existencia de *un litis consorcio activo necesario* de Guyana con el RU, arguyendo que, como éste no es parte, no debió admitirse la demanda, es decir, Venezuela aduce que la naturaleza de la disputa exige que Guyana y el RU demanden conjuntamente.

Venezuela ataca diciendo, con otras palabras, que sin la presencia del RU en el juicio no hay acción, que sin acción no hay derecho de acceso a la jurisdicción, por lo que no puede haber sentencia. Juntos, Guyana y el RU hubieran podido demandar a Venezuela la validez del Laudo Arbitral de *1899* (LA). Venezuela alega que como Guyana demandó sola, sin el RU, la demanda es inadmisible porque éste debe ser parte en el juicio.

Los abogados de Venezuela dicen que el LA *"es inválido por el fraude cometido por el Reino Unido en el arbitraje"*, es decir, parten del supuesto de que el RU perpetró el fraude. Y se preguntan: *"¿El LA es inválido debido a la conducta fraudulenta del Reino Unido?"*. La respuesta parece ser sí; pero, en verdad, stricto sensu, los árbitros pudieron haber ejecutado el fraude a espaldas del RU. Aunque esté probado que el LA es nulo por el

---

[35]   El Universal, 29 de noviembre de 2022.

fraude haya sido perpetrado por el RU, o por los árbitros, sin conocimiento del RU tal hecho no obliga a éste a ser parte en el juicio.

El LA es nulo por ser absolutamente inmotivado (primer anillo). También es nulo: **1**) por abuso de poder de los árbitros (segundo anillo); **2**) por fraude procesal de ellos, sin incluir al RU (tercer anillo). Hasta aquí, la culpa sería de los jueces, no del RU, y la CIJ decidiría sin tener que considerar *"la conducta del tercer Estado ausente"*. Otro motivo de nulidad es el fraude procesal del *RU en combinación con los jueces* (cuarto anillo). Cierto es que el RU está involucrado; pero con los tres primeros anillos, la CIJ puede declarar la nulidad sin incluir al RU, y en tal supuesto, los intereses de este *no son el objeto del juicio*, es decir, es inaplicable la doctrina del "Oro Amonedado". Además, ésta no se aplica porque el RU no ha sido demandado.

El hecho de que Venezuela involucre al RU (al oponer la cuestión preliminar), no significa que la CIJ tenga que decidir que es indispensable su intervención en el juicio. Que Venezuela alegue que el LA es fraudulento por razones imputables al RU no es suficiente para declarar inadmisible la demanda de Guyana. El RU debe ser traído a juicio mediante la solicitud de su intervención forzada como tercero (figura no prevista en el Estatuto ni en el Reglamento de la CIJ).

Ésta debería acordarlo, y si no lo hace, no importa, pues Venezuela puede demandarlo por separado (nulidad del LA y del Tratado Arbitral de *1897* (TA), falsificación de los mapas, etc.), con base en el compromiso contenido en el AG. En la contramemoria, Venezuela debe reconvenir a Guyana la nulidad del TA.

No es cierto que la CIJ *"para resolver la disputa, tendrá, como requisito previo, que pronunciarse sobre la conducta del Reino Unido"*. Si la CIJ puede declarar la nulidad con base en cualquiera de los primeros tres anillos indicados, no está obligada a pronunciarse sobre la conducta del RU. Esa obligación existiría solo si Venezuela logra que el RU (como tercero) sea incorporado forzosamente al juicio, o si Venezuela lo demanda por separado (autónomamente), de modo que la CIJ tenga que acumular los juicios. No es verdad que *"Los intereses de Gran Bretaña forman el objeto mismo de la decisión buscada por las Partes en el sentido de la jurisprudencia de esta Corte"*. ¡No! Guyana no busca eso, pues se limita a pedir la validez del LA. Y Venezuela, unilateralmente, al oponer la cuestión preliminar, alega el fraude del RU; pero, no existe razón alguna en la solicitud de Guyana que permita pensar que el RU deba ser parte en el juicio. Véase que Italia, en el caso del *Monetary Gold*, demandó a Albania, y la CIJ dijo que no podía decidir sin el consentimiento de ésta (la CIJ solo ejerce jurisdicción sobre un Estado cuando éste consiente en ello). Italia demandó que Albania fuese condenada. El juicio puede desarrollarse entre Guyana y Venezuela, sin presencia del RU. Venezuela alegó que es indispensable que él sea parte por su interés en el pleito. El interés del RU lo decreta él, el propio afectado. Venezuela señala que el RU no solo se vería afectado por la sentencia, sino que sería el objeto mismo de la decisión sobre el fondo, sin tener presente que, si el RU no es parte del juicio, no puede ser objeto de sentencia, ni siquiera por haber cedido a Guyana derechos y obligaciones. Quede claro que Venezuela puede oponer a Guyana todas las defensas que hubiera podido presentar contra el RU si éste fuese el demandante, es decir, las puede oponer aun sin ser éste parte del juicio, lo cual significa que el RU es susceptible de sufrir los efectos reflejos de la sentencia, pero no órdenes de la CIJ que lo obliguen directamente porque no es parte del juicio. La cesionaria, Guyana, sustituyó al RU, que es el cedente de los derechos y obligaciones. La cedida (Venezuela), como demandada, puede oponer todas las excepciones y defensas que correspondan contra el RU, incluido el fraude. Ello indica que, en verdad, el RU tiene interés, pero es él, y no Venezuela, quien decide incorporarse al juicio (salvo la intervención forzada) o que, repito, Venezuela lo demande aparte.

¡Venezuela debe reconvenir a Guyana la nulidad del TA y la falsificación que el RU hizo de los mapas y solicitar que éste sea traído al juicio!

Si no hubiera acción, como sostiene Venezuela, la CIJ no hubiese admitido la solicitud de Guyana, y podría decretar la nulidad de lo actuado en cualquier estado del proceso. En lo relativo a la cualidad activa, la acción de Guyana está bien planteada, Venezuela debe preparar, a toda velocidad, la contramemoria del fondo, y si los abogados hacen bien su trabajo el Esequibo será restituido a Venezuela.

XXXVI.

¡ERRADAS DEFENSAS PRELIMINARES DE VENEZUELA![36]

En *2018*, Venezuela, basada en que no dio *su consentimiento* porque no suscribió someterse a la CIJ, alegó que ésta carece de jurisdicción para conocer la demanda incoada por Guyana en su contra. En *2020*, Venezuela *perdió* la incidencia al decidir la CIJ que sí tiene jurisdicción, para lo cual adujo que Venezuela la aceptó cuando aprobó el AG que incluye *"el arreglo judicial"* a que se refiere el artículo 33 de la Carta de la ONU. En junio de *2022*, Venezuela opuso la cuestión preliminar de *inadmisibilidad* de la demanda, alegando que, por sí sola, Guyana no tiene cualidad activa para ello, sino que debe hacerlo conjuntamente con el RU. Venezuela parte de la premisa de que Guyana tuvo que demandar junto con el RU porque es *indispensable* su presencia en el juicio porque fue él, no Guyana, quien firmó el Tratado Arbitral de *1897* (TA), fue parte en el Laudo Arbitral de *1899* (LA); que el RU incurrió en fraude con los jueces de éste y elaboró los mapas falsos; que sentenciar sin el RU (Estado ausente) "afectaría sus derechos y obligaciones", y que éste jamás será responsable de ello si no es parte en el juicio.

Para defender oralmente la objeción preliminar de Venezuela, su vicepresidenta, Delcy Rodríguez, compareció ante la

---

[36] El Universal, 6 de diciembre de 2022.

CIJ, lo cual imprimió importancia al acto y dibujó la posición del Gobierno Nacional. Es positivo que el mundo haya escuchado la verdad del escándalo histórico del despojo del Esequibo, sobre lo cual también expuso el Agente de Venezuela ante la CIJ y embajador ante la ONU, Samuel Moncada.

Los seis abogados europeos de Venezuela, Remiro Antonio Brotóns, Andreas Zimmermann, Carlos Espósito, Esperanza Orihuela, Pablo Paquetti, y Christian Tams profesores universitarios explanaron oralmente que debe declararse con lugar la objeción preliminar de inadmisibilidad de la demanda, basados en que es *indispensable la presencia del RU* en el juicio. Están convencidos del éxito de su tesis (no la interpusieron para ganar tiempo). Están *equivocados*: 1) al aseverar que la CIJ no puede decidir sobre la nulidad del LA sin la presencia del RU. 2) porque es inconcebible que Guyana y el RU estén obligados a demandar juntos a Venezuela. La CIJ no los puede obligar a eso. 3) al creer que los hechos de fondo son pertinentes para no admitir la demanda, olvidando que, para decidir la inadmisibilidad, la CIJ no debe tocar el fondo, como no lo hizo en los casos invocados por Venezuela, incluido el *Monetary Gold*, en el que la CIJ sentenció que no podía decidir sin el *consentimiento* de Albania, y que, de hacerlo, quebrantaría el principio de que la CIJ solo puede ejercer jurisdicción sobre un Estado cuando éste consienta en ello, y que, además, los intereses de Albania *"constituirían precisamente el objeto del fallo"*.

La CIJ, sin decirlo, permitió a los abogados de Venezuela hacer alegaciones de fondo, es decir, les permitió violar el artículo 79.1. (*ter*) del Reglamento que ordena referirse a *lo pertinente*: *"Las alegaciones relativas a las cuestiones preliminares u objeciones presentadas de conformidad con el artículo 79, párrafo 2, o el artículo 79 bis, párrafos 1 y 3,* se limitarán a las cuestiones que sean pertinentes *para las cuestiones preliminares o las excepciones"*.

Erradamente, nuestros abogados creen que Guyana sola no tiene *cualidad* para demandar; pero como sí la tiene, esta defensa preliminar *fracasará*. Insisto en que, si Venezuela quiere litigar con el RU, debe *demandarlo aparte* y solicitar la acumulación de los procesos. Lo del fraude y la falsificación de mapas forman parte del fondo (para la contramemoria correspondiente). Para sentenciar la inadmisibilidad alegada, la CIJ observará, entre otros requisitos, la cualidad del Estado demandante, p. ej. si existe o no la obligación de demandar junto con otro país, lo cual no se relaciona con el fondo, sino que "con pinzas" se separa de él. ¡Es indudable que Guyana no tenía que demandar junto con el RU!

El abogado Zimmermann afirmó, el 17-11-2022, "*Demostraré que la excepción preliminar de Venezuela es admisible… su admisibilidad no puede cuestionarse seriamente…*", y dijo que la CIJ ha dicho (Genocidio Croacia) que "*Las objeciones a la admisibilidad normalmente toman la forma de una afirmación que, incluso si la Corte tiene jurisdicción y los hechos declarados por el Estado requirente se suponen correctos, no obstante existen razones por las cuales la Corte no debe proceder a un examen de fondo*", es decir, Venezuela se contradice porque todos sus fundamentos de la cuestión preliminar son materia de fondo, en verdad innecesarios para decidir cuestiones preliminares que son casi siempre de forma.

Como nuestros abogados fundamentan la objeción preliminar en la necesidad de que el RU sea parte en el juicio porque la CIJ deberá declarar la nulidad del LA por fraude y colusión del RU con los jueces del LA, *se contradicen* al no percatarse de que intentan fundamentar la inadmisibilidad de la demanda con argumentos que no son de forma sino de fondo.

Quizás Zimmermann y los otros abogados quieran que la CIJ decida que este alegato no tiene carácter exclusivamente preliminar, sino que corresponde decidirla al sentenciar el fondo (artículo 79.4. del Reglamento). Por absurdo, descarto que la CIJ lo haga porque si en el fondo la CIJ aceptara la objeción (la declarara con lugar), el juicio sería nulo, y es imposible que la CIJ obligue a dos Estados a demandar juntos. Si, como debe ser, la declarará sin lugar (en la oportunidad de dictar la sentencia definitiva), procedería a pronunciarse sobre la validez o nulidad del LA y a fijar la frontera.

Si los abogados de Venezuela piensan que ganarán la defensa preliminar, están equivocados. No la ganarán ni ahora ni en el fondo. En conclusión, es necesario que el Gobierno Nacional, para garantizar la recuperación del Esequibo, sin remover a los abogados europeos, amplíe el equipo con procesalistas venezolanos que hagan labor de control previo de las actuaciones.

En conclusión, la contestación al fondo de la demanda (contramemoria) debe ser la propia de abogados que no escatiman esfuerzos, argumentos y pruebas, es decir, deben desplegar una defensa y ataque completos de modo de "blindar" el triunfo. No será suficiente con rechazar la demanda de Guyana, pedir que se declare la nulidad del LA y que se fije la frontera. Hasta hoy, *31-12-2022*, todo indica que Venezuela ganará el juicio y recuperará el Esequibo si hace lo que debe hacer, es decir, si cumple el siguiente itinerario estratégico procesal: 1) contestar el fondo de la demanda y alegar la nulidad del LA, comenzando por la falta de motivación, etc. 2) negar y desvirtuar las pretensiones de Guyana relacionadas con aceptaciones o aquiescencias del LA por parte de Venezuela (Estoppel). 3) reconvenir que se declare la nulidad del LA. 4) reconvenir la nulidad de lo que Guyana denomina "Acuerdo de *1905*". 5) reconvenir la nulidad del Tratado Arbitral de Washington de *1897*. 6) reconvenir, por acción reivindicatoria, que se declare que el territorio en disputa (159.500 km²) es propiedad de Venezuela. 7) reconvenir, mediante las pretensiones mero-declarativas indicadas (Ver el Nº 5 "Contraatacar legalmente a Guyana"). 8) Exponer el análisis lógico, con el uso de la sana crítica por qué Venezuela es la propietaria del Esequibo.

XXXVII.

¡CUIDADO CON EL JUICIO! [37]

Me inquieta el error inexcusable de los abogados europeos Remiro Antonio Brotóns, Andreas Zimmermann, Carlos Espósito, Esperanza Orihuela, Pablo Paquetti, y Christian Tams, defensores de Venezuela en la CIJ. Alegaron una excepción preliminar que no ganaremos. Recuperar el Esequibo depende de ellos. En junio de 2022, Venezuela alegó la inadmisibilidad de la demanda de Guyana, argumentando que ésta no tiene cualidad para demandarla, pues debió hacerlo conjuntamente con el Reino Unido de Gran Bretaña e irlanda del Norte (RU), porque fue éste, y no Guyana, quien firmó el Tratado Arbitral de 1897, y fue parte en el Laudo Arbitral de 1899 (LA). Arguye Venezuela que como el RU confeccionó mapas falsos y perpetró fraude con los árbitros del laudo, es indispensable su presencia en el juicio, para que responda por su conducta y sea responsable de las consecuencias. Cometieron un error de negligencia, causado por inexperiencia en la operación procesal incorrecta.

Si actúa ajustada a derecho, cuando decida el fondo, la CIJ debe declarar la nulidad del LA sin necesidad de que el RU haya sido llamado a juicio. Es absurdo pensar que Guyana haya debido demandar a Venezuela conjuntamente con el RU, así como creer que los hechos de fondo (fraude y falsificación de mapas

---

[37] El Universal, 7 de febrero de 2023.

por parte del RU) son pertinentes para decidir la incidencia relativa a la inadmisibilidad de la demanda, por la ausencia del RU, olvidando que, para decidir (incidentalmente) la inadmisibilidad, la CIJ no puede tocar el fondo. El error de nuestros abogados nace por ignorar la mecánica procesal de la cualidad para actuar en juicio, y en creer que los intereses del RU "constituirían precisamente el objeto del fallo, cuando lo cierto es que Guayana es una "cesionaria" o "heredera" del RU, por lo cual Venezuela puede alegar contra Guyana todas las defensas que podía oponerle al RU, sea el fraude, la falsificación de mapas, etc.

El problema procesal de la cualidad se resuelve en la demostración de la identidad lógica de la persona (Guyana) que se presente ejercitando concretamente un derecho o poder jurídico, y la persona contra quien se ejercita (Venezuela), y el sujeto que es su verdadero titular (Guyana) u obligado concreto (Venezuela). En principio, toda persona que se afirma titular de un interés jurídico propio (Guyana) tiene cualidad para hacerlo valer en juicio (cualidad activa) y toda persona contra quien se afirma la existencia de ese interés (Venezuela), en nombre propio, tiene a su vez cualidad para sostener el juicio (cualidad pasiva). Sin embargo, este criterio general, sufre dos excepciones, siendo la primera todos aquellos casos de sucesión universal o singular en la titularidad de un interés o situación jurídica, así como de una obligación, en los cuales el acto de sucesión mismo se presenta como presupuesto de la demanda sin constituir el objeto mismo de ella, pues, si lo fuese, entonces el acto de sucesión tendría que discutirse al fondo. Nadie discute que Guyana sea "cesionaria" o "sucesora singular" del RU, quien le concedió la independencia y el territorio (actos de sucesión), y como tal, puede demandar -en virtud del Acuerdo de Ginebra de 1966- la validez del LA, es decir, su cualidad es indiscutible. Igualmente, es evidente la cualidad pasiva de Venezuela para sostener el juicio. Como no hay discusión alguna acerca del acto de sucesión de Guyana, éste no es el objeto de la demanda. Si éste se discutiera como presupuesto de ella, el punto se tramitaría y decidiría incidentalmente; y si fuese objeto de la demanda, se decidiría en la sentencia definitiva que decide el fondo.

La segunda excepción es la de las relaciones jurídicas de titularidad mediata, en los que la titularidad del derecho está condicionada a la existencia de otro derecho, estado o situación jurídica. La situación inmediata es, en general, la propiedad o posesión de una cosa. Por ejemplo, para obtener una servidumbre de paso es indispensable ser propietario del inmueble.

En pocos meses, la CIJ dictará la sentencia en la que declarará sin lugar la cuestión preliminar opuesta por Venezuela, y fijará la oportunidad para que ésta conteste el fondo de la demanda. El yerro de los nuestros defensores obedeció, sin duda, a la poca experiencia procesal de los expertos en derecho internacional público, aun cuando conozcan adecuadamente las preceptivas del Estatuto y del Reglamento de la CIJ, y la jurisprudencia. Como ocurre con los aviadores que vuelan poco, los abogados internacionalistas públicos, aun adentrados en edad, tienen pocas horas de combate legal procesal. El yerro indica que no dominan adecuadamente el instituto de la inadmisibilidad de las demandas ni la falta de cualidad para demandar o ser demandado. ¡Han intervenido en pocos juicios!

El enredo de nuestros litigantes exige ahora sumo cuidado en la elaboración de la estrategia procesal para ganar el juicio. El error en cuestión hace dudar de la experiencia procesal requerida para recuperar el Esequibo. No es justo que Venezuela vaya a perderlo por mala praxis. Siempre es mala idea remover abogados que comenzaron el juicio, pero es buena la iniciativa de ampliar el equipo con procesalistas venezolanos.

XXXVIII.

PARA EL PROFESOR
ANTONIO REMIRO BROTÓNS[38]

Respetado abogado: Guyana estructuró falacias, en la solicitud de procedimiento presentada contra Venezuela, en marzo de **2018**, al demandar que la Corte Internacional de Justicia declare que: **a)** El Laudo de 1899 es válido y vinculante **y el Acuerdo de 1905** es válido y vinculante; **b)** Guyana disfruta de plena soberanía sobre el territorio entre el río Esequibo **y** el límite establecido por el Laudo de 1899 **y el Acuerdo de 1905**. Guyana y Venezuela tienen la obligación de respetar la soberanía territorial de cada uno de acuerdo con la frontera establecida por el Laudo de 1899 **y el Acuerdo de 1905**; **c)** Venezuela se retirará inmediatamente de la mitad oriental de la isla de Ankoko de conformidad con el Laudo de 1899 **y** el **Acuerdo de 1905**; **d)** Venezuela se abstendrá de amenazar o usar la fuerza contra cualquier persona y/o compañía autorizada en el territorio de Guyana según el Laudo de 1899 **y el Acuerdo de 1905**. La "y" copulativa evidencia que Guyana es consciente de que el laudo de 1899 es nulo, por lo cual intenta darle vida con el mal denominado **"Acuerdo de 1905"**, es decir, pretende que con éste Venezuela aceptó el laudo y que la CIJ aplique contra Venezuela la doctrina Estoppel.

---

[38] El Universal, 18 de abril de 2023

En el numeral 3 de esa solicitud dice: "*3. Entre noviembre de 1900 y junio de 1904, una comisión de frontera anglo-venezolana identificó, demarcó y fijó permanentemente el límite establecido por el Laudo de 1899. El 10 de enero de 1905, los comisionados firmaron un* **Acuerdo Conjunto** *y adjuntaron mapas de conformidad con el Laudo de 1899 (`1905 Acuerdo´)*".

Observe Dr. Remiro que en la orden dictada en **junio de 2018,** la CIJ dijo que la controversia **es relativa a** "*la validez legal y el efecto vinculante del Laudo sobre la Frontera entre la Colonia de la Guayana Británica y los Estados Unidos de Venezuela, de 3 de octubre de 1899*", es decir, omitió "**el Acuerdo de 1905**".

Es evidente que, en **junio de 2018**, la CIJ comenzó a soslayar al incorrectamente denominado **"Acuerdo de 1905"**; ocultamiento que repite en la **sentencia** del **18 de diciembre de 2020,** en la cual declaró que tiene jurisdicción para conocer la demanda; y que reiteró al sentenciar, el **6 de abril de 2023**, sin lugar la defensa preliminar de Venezuela sobre la inadmisibilidad de la demanda por no ser demandante Guyana conjuntamente con el Reino Unido de Gran Bretaña. La sentencia del **2020,** bajo el título *"Alcance de la jurisdicción de la Corte"*, especificó: *"Jurisdicción ratione materiae - Artículo I del Acuerdo de Ginebra - Las cuestiones relativas a la validez del Laudo de 1899* **y de la solución definitiva de la disputa fronteriza terrestre entre Guyana y Venezuela son competencia de la Corte ratione materiae***"*. Es evidente que la CIJ soslayó u ocultó la demanda guyanesa en cuanto a la validez del **"Acuerdo de 1905"**.

La prueba del ocultamiento y la disimulación de la sentencia del **2020** —restando importancia al punto— es que coloca con pinzas en su parte narrativa ("14. Antecedentes históricos y de hecho") (y no en su dispositiva) lo siguiente (sin entrecomillar) alegado por Guyana: *"El tribunal arbitral establecido en virtud de este tratado dictó su Laudo el 3 de octubre de 1899. El Laudo de 1899 otorgó a Venezuela toda la desembocadura del río Orinoco y las tierras de ambos lados; otorgó al Reino Unido la tierra al este extendiéndose hasta el río Esequibo. **Al año siguiente**, se encargó a una comisión conjunta anglo-venezolana que demarcara la frontera establecida por el Laudo de 1899. La comisión llevó a cabo esa tarea entre noviembre de 1900 y junio de 1904. **El 10 de enero de 1905**, una vez demarcada la frontera, los comisionados británico y venezolano **elaboraron un mapa oficial** de límites **y firmaron un acuerdo <u>aceptando</u>**, entre otras cosas, que las coordenadas de los puntos enumerados eran correctos".*

Es anormal y arbitrario haber colocado el párrafo anterior en el Nº 14 de la sentencia, y no en su parte dispositiva (en los numerales 135 y 136), ni en el capítulo del "Ámbito de jurisdicción de la Corte". El párrafo en cuestión es importante porque se trata de *"los fundamentos de hecho en los que se basen las partes en materia de su jurisdicción"*, y es falso que el **"Acuerdo de 1905"** tenga carácter de tal. La parte dispositiva de la **sentencia de 2020** está concentrada en sus numerales 135 y 136, ordenando el primero: *"135. Por lo tanto, la Corte concluye que las reclamaciones de Guyana relativas a la **validez del Laudo de 1899** sobre la frontera entre la Guayana Británica y Venezuela **y la cuestión relacionada con la solución definitiva de la disputa fronteriza terrestre** entre Guyana y Venezuela **caen** dentro del objeto de la controversia que las partes acordaron solucionar a través del mecanismo establecido en los Artículos I a IV del Acuerdo de Ginebra, en particular el Artículo IV, párrafo 2, y que, en consecuencia, la Corte tiene competencia ratione materiae para conocer de esta demanda".* Es cierto que la validez del laudo y la cuestión fronteriza "caen" dentro del Acuerdo de Ginebra; pero, eso no permite incluir el **"Acuerdo**

de 1905" como acción autónoma acumulada a la acción de validez del laudo. Podría luego ser una prueba de lo demandado por Guyana, pero no una acción autónoma de la demanda, porque no es un acuerdo ni un contrato, sino simple acta de ejecución del laudo que forma unidad con él. Guyana acumuló dos acciones (validez del laudo y del **"Acuerdo de 1905"**), lo cual, por no ser contrato, es fraudulento. Además, Guyana no demandó *"la cuestión relacionada con la solución definitiva de la disputa fronteriza terrestre", sino la validez del laudo*, vale decir, no demandó la fijación de la frontera. ¡La frontera queda como está si se declara la validez del laudo! ¡Si se declara su nulidad, la CIJ no puede fijar la frontera sin que lo demande Venezuela (reconvención)!

La CIJ incumplió su deber de ser congruente al **ocultar** lo demandado por Guyana en cuanto a la validez del **"Acuerdo de 1905"**. La Corte sustituyó esto con la frase de que tiene jurisdicción para conocer *"la cuestión conexa de la solución definitiva del diferendo relativo a la **frontera terrestre"**. Profesor Remiro, una cosa es demandar la validez del **"Acuerdo de 1905"**, y otra distinta es demandar (lo cual no hizo Guyana), *"la cuestión conexa de la solución definitiva del diferendo relativo a la **frontera terrestre"**. Son dos hechos diferentes. Como no hay congruencia entre lo demandado por Guyana y lo declarado por la CIJ al decidir su jurisdicción, significa que la sentencia de 2020 es **arbitraria**.

¿Por qué la CIJ disimula u oculta la pretensión relativa al **"Acuerdo de 1905"**? ¿Por qué se aparta del objeto preciso de la controversia, y disimula los hechos alegados por Guyana? Los artículos 36 y 38 del Estatuto de la CIJ expresan que la jurisdicción de ésta comprende la resolución de los litigios y controversias "que las partes le sometan". Siendo esto así, ¿por qué, al declarar que tiene jurisdicción para conocer la demanda de

Guyana, la CIJ silenció, en la parte dispositiva de la sentencia (numeral 135), las cinco pretensiones indicadas en el primer párrafo de este artículo que son el objeto preciso de la controversia?

Doctor Remiro, Venezuela debe solicitar la nulidad parcial de la sentencia del **2020** para que no se admita como pretensión la "validez del Acuerdo de 1905", independientemente de que la Corte decida que existe cosa juzgada o que se pronunciará en la sentencia del fondo del juicio.

XXXIX.

15 DICTÁMENES PARA ASEGURAR LA RECUPERACIÓN DEL ESEQUIBO[39]

Tengo claro que Venezuela tiene la razón. Por lo que expliqué en artículos anteriores, ella debe, entre otras cosas, contrademandar (reconvenir) que la Corte Internacional de Justicia (CIJ) declare la nulidad del mal denominado por Guyana **"Acuerdo de 1905"**. A todas luces, a Venezuela le conviene iniciar una convincente campaña ante la opinión pública mundial, explicando aspectos procesales determinantes, fundamentada en 15 dictámenes concisos que debe solicitar a honorables juristas argentinos, colombianos, españoles, británicos, italianos y neerlandeses, cuyas opiniones deben circunscribirse al núcleo procesal del caso, es decir, a que el **"Acuerdo de 1905"** no es tal, no es un contrato, sino una simple acta, y que en el juicio no podrá concebirse que con él, como pretende Guyana, Venezuela aceptó tácitamente el Laudo Arbitral de **1899**.

La clave del triunfo está reducida a sencilla fórmula. Para que los dictámenes sean breves, no hace falta que expliquen ni los títulos de propiedad de Venezuela, ni la nulidad del laudo. Lo que necesitamos de esos dictámenes es que enfoquen que Venezuela no reconoció (aquiescencia) el laudo, que no le dio validez mediante el mal denominado por Guyana "Acuerdo de

---

[39]   El Universal, 18 de abril de 2023

1905". Si Guyana no contara con el alegato (escondido en la demanda) de que Venezuela aceptó tácitamente el laudo al firmar el acta de **1905**, ¡no se hubiera atrevido a presentar su temeraria demanda!

Los dictámenes deben precisar que ese "Acuerdo de **1905**": **1)** no es tal, sino una simple acta de la ejecución del laudo arbitral; **2)** no significa aceptación del laudo, entre otras razones, porque los dos funcionarios venezolanos que, junto con los británicos, fijaron los postes limítrofes y firmaron, en **1905**, el acta y los dos mapas anexos, **no eran órgano o personas competentes**; **3)** que siendo nulo el laudo es nula dicha acta y los mapas; y que, por ello, la actuación de los funcionarios venezolanos **no fue incondicional**, pues la vigencia del acta depende de la vigencia del laudo, siendo evidente que el acta **no fue realizada en el marco de negociaciones**, sino que fue consecuencia obligatoria de la **ejecución del laudo**; **4)** el Acuerdo de Ginebra **no permite a Guyana invocar el imaginario *Estoppel*** (aceptación tácita del laudo por firmar el acta de **1905** y los mapas); **5)** si el Reino Unido de Gran Bretaña e Irlanda del Norte hubiera confiado en el acta de **1905** para dar validez al laudo, **no hubiera firmado el Acuerdo de Ginebra**; **6)** éste significa la **aceptación del Reino Unido de los alegatos de Venezuela para convencerlo de revisar la validez o nulidad del laudo arbitral**.

En un tribunal de 15 jueces, como es la CIJ, antes de sentenciar, en general, el intercambio de opiniones entre ellos es vago, breve, sin debate, lo cual posibilita la convergencia en una fundamentación mayoritaria única de la sentencia, por lo que no se genera una **concientización** y fundamentación de cada juez. Con los dictámenes se persigue concientizar a esos jueces (y a la opinión mundial) de modo de gestionar la incertidumbre y blindar el triunfo de Venezuela.

Los jueces de la CIJ no pueden hacer lo que les da la gana. El legalismo existe, y Venezuela debe luchar con toda su fuerza. Por ello, nuestro país debe eliminar en el seno de la CIJ la generalizada costumbre de los tribunales colegiados de aprobar las sentencias sin intercambio reflexivo, analítico, en la que solo prima lo esencial de algunas breves justificaciones de sus posiciones. En dichos tribunales el debate es escueto, incluso cuando los jueces están divididos.

Hay que cerrar el paso a las zonas de indeterminación en la que los jueces crean tener discrecionalidad decisoria, o *tabula rasa* en donde verter la sentencia, frente a lo cual Venezuela debe cerrarles el paso, con los dictámenes propuestos que se consignarían en el juicio, a eventuales interpretaciones alejadas de la verdad jurídica procesal. Los jueces son tan celosos de sus aportes, que se ofenden si alguno de ellos se atreve a interrumpirlos para expresar una opinión distinta o hasta una respetuosa duda. Por ello, es necesario conminar a los jueces con el Derecho Procesal.

XL.

NULIDAD EN EL JUICIO DEL ESEQUIBO[40]

Propongo que Venezuela solicite a la Corte Internacional de Justicia la nulidad parcial de la sentencia de **18 de diciembre de 2020**, en la que declaró su jurisdicción e ilícitamente **omitió** pretensiones de Guyana y **agregó** una no demandada, es decir, por incurrir la sentencia en el vicio de incongruencia y generar desorden procesal.

Guyana solicitó (*Instituting Proceeding*), el **29 de marzo de 2018**, que la Corte declare: **"55.** … que: **a)** El Laudo de 1899 es válido y vinculante para Guyana y Venezuela, y el límite establecido por ese Laudo **y el Acuerdo de 1905** es válido y vinculante para Guyana y Venezuela; **(b)** Guyana disfruta de plena soberanía sobre el territorio entre el río Esequibo y el límite establecido por el Laudo de 1899 y el **Convenio de 1905…** Guyana y Venezuela tienen la obligación de respetar plenamente los derechos del otro… de conformidad con el límite establecido por el Laudo de 1899 y el **Convenio de 1905"**.

Si el objeto del proceso es ese (igualmente determinado en el memorial guyanés de fondo), ¿por qué la Corte no especificó, al indicar el objeto del proceso, que el juicio es por lo contenido en los literales "(a)" y "(b)"? El artículo 38.1 del Reglamento de la Corte ordena que *"la solicitud deberá indicar… el objeto de*

<hr>

40 El Universal, 1º de agosto de 2023

la controversia"; y el artículo 38.2 que *"La solicitud indicará... la naturaleza precisa de lo demandado y contendrá una exposición sucinta de los hechos y fundamentos en que se basa la demanda"*. ¿Por qué la Corte, sin explicar, violando esos artículos, silenció lo del mal denominado **"Acuerdo de 1905"**?

Luego de la solicitud (demanda) de **29 de marzo de 2018**, Guyana presentó, el **19 de noviembre de 2018**, su memorial de jurisdicción, en el que afirma: ***"3-104.** En conclusión, la Corte tiene jurisdicción sobre todas las partes de la demanda que Guyana presentó"*. La Corte, en la sentencia que declaró su jurisdicción, de **18 de diciembre de 2020**, estableció: **"135. ...** la Corte concluye que las reclamaciones de Guyana relativas a la validez del Laudo de 1899 sobre la frontera entre la Guayana Británica y Venezuela **y la cuestión conexa de la solución definitiva de la disputa fronteriza terrestre** entre Guyana y Venezuela **caen** dentro del **objeto de la controversia** que las Partes acordaron resolver mediante el mecanismo establecido en los artículos I a IV del Acuerdo de Ginebra, en particular el artículo IV, párrafo 2, de la misma, y que, en consecuencia, la Corte tiene jurisdicción *ratione materiae* para conocer de estas demandas".

Si Guyana **no demandó la fijación de la frontera** sino la validez del Laudo y que "el límite establecido por ese Laudo y **el Acuerdo de 1905** es válido y vinculante", ¿por qué la Corte agregó que decidirá *la cuestión conexa de la solución definitiva de la controversia relativa a la frontera terrestre?*

La sentencia de **18 de diciembre de 2020** declara: ***"137. ...** la Corte concluye que tiene jurisdicción para conocer de las reclamaciones de Guyana relativas a la validez del Laudo de 1899 sobre la frontera entre la Guayana Británica y Venezuela **y la cuestión conexa de la solución definitiva de la controversia relativa a la frontera terrestre..."*; y acerca de "los antecedentes históricos y fácticos" ("historical and factual background") dice (ciento tres números más atrás): "**34.** El tribunal arbitral, establecido en virtud del Tratado de Washington, dictó su Laudo de 3 de octubre de 1899… Al año siguiente, una comisión conjunta anglo-venezolana fue encargada de demarcar el límite establecido por el Laudo de 1899. La comisión llevó a cabo esa tarea entre noviembre de 1900 y junio de 1904. El 10 de enero de 1905, una vez demarcada la frontera, los comisionados británico y venezolano produjeron un mapa con el límite oficial **y firmaron un acuerdo aceptando**, entre otras cosas, que las coordenadas de los puntos enumerados eran correctas".

Guyana en su memorial de fondo, presentado el **8 de marzo de 2022**, repitió contra Venezuela los literales **"(a)"** y **"(b)"** de la demanda de **29 de marzo de 2018**, es decir, invocó la validez del Laudo de 1899 y del **"Acuerdo de 1905"**.

En la sentencia de **6 de abril de 2023** (decidió sin lugar la inadmisibilidad preliminar opuesta por Venezuela) la Corte rozó el tema así: *"32. Según su preámbulo, el propósito del Tratado de Washington era 'prever una solución amistosa de la cuestión. . . sobre el límite'. El artículo I establecía lo siguiente: 'Inmediatamente se nombrará un tribunal arbitral **para determinar la línea divisoria...**' "*. En el N° 33 repitió el contenido del N° 34 de la sentencia de 18 de diciembre de 2020, es decir, lo de la comisión anglo-venezolana que firmó el "Acuerdo de **1905**" sobre el límite.

Como se ve, en el **N° 33** la sentencia de **2023** copió el **N° 34** de la de **2020**, y en ambas la Corte **omitió** decir que las pretensiones de Guyana incluyen la validez del **"Acuerdo de 1905"**. Por tanto, la Corte furtivamente, porque nada explica, lo ocultó. Ahora bien, es ilícito, por la incongruencia, que la sentencia sobre la jurisdicción **no haya transcrito, ni siquiera reseñado, el texto completo de las pretensiones** de Guyana, vale decir, silenció la demanda en cuanto a que *"...el límite establecido por* *ese Laudo y el **Acuerdo de 1905** es el límite entre Guyana y Venezuela ";* y en cuanto a *"**2.** Guyana disfruta de plena soberanía sobre el territorio entre el río Esequibo y el límite establecido por el Laudo de 1899 y el **Acuerdo de 1905"**.* En síntesis, la Corte **ocultó**, el tema del **"Acuerdo de 1905"**, el cual, que no es tal, no es contrato ni convención ni nada parecido. Al respecto, por la imprecisión de la sentencia de **18 de diciembre de 2020**, Venezuela debe **solicitar su nulidad parcial** alegando el silencio en la parte dispositiva (N° 137), no obstante que en el N° 34, refiriéndose al Tratado Arbitral de 1897, narra lo de la comisión conjunta anglo-venezolana que demarcó el límite establecido por el Laudo, y que el 10 de enero de 1905 los comisionados firmaron un "acuerdo" aceptando las coordenadas.

En conclusión, por seguridad jurídica y respeto a las reglas del debido proceso y al derecho de defensa, Venezuela debe, a la brevedad posible, solicitar la nulidad de la sentencia de **18 de diciembre de 2020**, por omitir decidir las pretensiones demandadas sobre el **"Acuerdo de 1905"**. En caso de que la Corte no decrete la nulidad, Venezuela debe solicitar que aclare si el objeto de la demanda abarca el **"Acuerdo de 1905"** y que, en virtud de la solicitud, fije nueva oportunidad para Venezuela presentar su contramemoria de fondo después de decidir sobre la nulidad y aclaratoria solicitadas.

XLI.

NULIDAD POR ERROR O FRAUDE DE LA CORTE INTERNACIONAL DE JUSTICIA[41]

En el artículo anterior (El Universal, 1-8-23) propuse que Venezuela solicite a la Corte Internacional de Justicia (CIJ) la nulidad parcial de la sentencia de **18 de diciembre de 2020**, en la que declaró su jurisdicción e ilícitamente **omitió** pretensiones de Guyana (relacionadas con el mal denominado "Acuerdo de 1905") y **agregó** una no demandada, como es *"la cuestión conexa de la solución definitiva de la controversia relativa a la frontera terrestre"*, es decir, propuse solicitar la nulidad por incurrir en el vicio de incongruencia y generar desorden procesal.

Aparte de las razones expuestas en el mencionado artículo, existen más bases para pedir la nulidad porque la Corte cometió un error inexcusable al dar rango de pretensión a *"la cuestión conexa de la solución definitiva de la controversia relativa a la frontera terrestre"*, en razón de que ello no forma parte de lo demandado por Guyana. Es abusivo adicionar ese *thema decidendum*, lo cual podría significar que la Corte falsificó ideológicamente los hechos y violó la regla *non ultra petita partium* (el juez no va más allá de lo pedido por las partes).

Guyana soslayó el yerro de la Corte al demandar, el **8 de marzo de 2022**, en su memorial de fondo, lo siguiente: "**1.** El

---

[41]   El Universal, 15 de agosto de 2023.

Laudo de 1899 es válido y vinculante para Guyana y Venezuela, y el límite establecido por ese Laudo y el Acuerdo de 1905 es el límite entre Guyana y Venezuela. **2.** Guyana disfruta de plena soberanía sobre el territorio entre el río Esequibo y el límite establecido por el Laudo de 1899 y el Acuerdo de 1905, y Venezuela tiene la obligación de respetar plenamente la soberanía y la integridad territorial de Guyana de conformidad con el límite establecido por el Laudo de 1899 y el Convenio de 1905".

Si tenemos presente que Guyana no demandó establecer la frontera, es decir, *"la cuestión conexa de la solución definitiva de la controversia relativa a la frontera terrestre"*; si tomamos en cuenta que la Corte no puede de oficio incorporar dicho punto como objeto del proceso porque lo impide el derecho procesal; y si observamos que lo que Guyana demanda es la validez del Laudo de 1899 y que "el límite establecido por ese Laudo y el Acuerdo de 1905 es válido y vinculante", surge la pregunta: ¿Fue por error o por fraude que la Corte agregó que decidirá **la cuestión conexa de la solución definitiva de la controversia relativa a la frontera terrestre?**

La Corte decidió incorrectamente en la sentencia de **18 de diciembre de 2020** al asumir de oficio la jurisdicción para decidir "la cuestión conexa de la solución definitiva...", y fundamentarse en que *"forma parte del objeto de la controversia que las partes acordaron llegar a un acuerdo a través del mecanismo establecido en los Artículos I a IV, párrafo 2 (del Acuerdo de Ginebra), y que, en consecuencia, la Corte tiene jurisdicción ratione materia para conocer de estas reclamaciones".*

Ese razonamiento desacertado indica que la Corte mezcló **los medios políticos o diplomáticos** de solución pacífica de controversias (la negociación, la investigación, los buenos oficios o mediación, la conciliación, etc.) con **los medios jurídicos** (el arbitraje y la solución judicial). Aquellos generan sugerencias y propuestas para solucionar el diferendo. Por ej., el mediador no es un juez que dicta fallos sino un facilitador que busca la avenencia, su papel es recomendar. Con esos medios era factible determinar "el arreglo práctico limítrofe" objeto del Acuerdo de Ginebra.

De opuesto, **mediante los medios jurídicos** de solución pacífica de controversias, es decir, el **arbitraje** y **la solución judicial**, los procesos concluyen con la respectiva decisión obligatoria; pero con la diferencia que en el arbitraje las partes constituyen el tribunal, escogen los árbitros y convienen el procedimiento; y en el arreglo judicial se presupone la existencia de la CIJ, que tiene sus propios jueces y reglas de procedimiento. En conclusión, la CIJ no es el organismo para conseguir el arreglo práctico limítrofe, en razón de que está obligada a decidir, aplicando el derecho, exclusivamente lo demandado por Guyana y lo que contrademande Venezuela.

La CIJ no puede atribuirse jurisdicción para decidir con andariveles políticos o diplomáticos, sino exclusivamente mediante sentencia ajustada al derecho de los litigantes, esto es, sobre el objeto de la controversia expresada en la demanda de Guyana, y está obligada a aplicar el Acuerdo de Ginebra de 1966 y el Tratado Arbitral de 1897, pero ello no incluye que tenga jurisdicción (potestad) para hacer lo que hizo.

La Corte se metió en un túnel prohibido al mezclar el objeto del Acuerdo de Ginebra con el objeto del proceso demandado por Guyana. Es difícil pensar que los jueces se equivocaron; y es sospechoso que Guyana no haya reaccionado.

XLII.

LA CIJ NO PUEDE FIJAR LA FRONTERA SI VENEZUELA NO LO DEMANDA[42]

Cuando la Corte Internacional de Justicia (CIJ) sentenció, el **18 de diciembre de 2020**, que determinará en la sentencia definitiva del juicio entre Guyana y Venezuela *"la cuestión conexa de la solución definitiva de la controversia relativa a la frontera terrestre"* (esto lo agregó porque Guyana no lo demandó), lo hizo de oficio creyendo (equivocada) que tiene potestad (jurisdicción) para determinar la solución práctica de la controversia limítrofe (incluyendo fijar la frontera), considerándose autorizada por el Acuerdo de Ginebra (AG). En efecto, la Corte para fundamentar la *"cuestión conexa"* dice en la sentencia que *"forma parte del objeto de la controversia que las partes acordaron llegar a un acuerdo a través del mecanismo establecido en los Artículos I a IV, párrafo 2 (del Acuerdo de Ginebra), y que, en consecuencia, la Corte tiene jurisdicción ratione materia para conocer de estas reclamaciones"*.

La CIJ está errada porque la verdad es no tiene potestad para determinar un arreglo práctico ni puede obligar a las partes a concretarlo. El artículo 38 de su Estatuto, referido a las fuentes del derecho internacional (las convenciones internacionales, la costumbre internacional, los principios generales de derecho, las

---

[42] El Universal, 22 de agosto de 2023.

decisiones judiciales y la doctrina de los publicistas) específica que "La presente disposición no restringe la facultad de la Corte para decidir un litigio *ex aequo et bono* (de acuerdo con lo correcto y lo bueno), **si las partes así lo convinieren**"; es decir, si bien es cierto que el AG dice que la controversia debe *"ser amistosamente resuelta en forma que resulte aceptable para ambas partes"*, la Corte no tiene la facultad para conseguir lo que el AG encomendó a la comisión mixta **"… de buscar soluciones satisfactorias para el arreglo práctico de la controversia"**, porque no tiene facultad *ex a quo et bono*.

La intención de los redactores del AG, es decir, el objeto de éste fue obtener un arreglo práctico de la controversia para resolver el asunto fronterizo, para lo cual establecieron la comisión mixta y los medios de solución pacífica previstos en el artículo 33 de la Carta de la ONU. En síntesis, fue voluntad de las partes encontrar, en primer lugar, una solución extrajudicial, y en segundo lugar, si no se lograra esa, ir a la solución judicial ante un tribunal arbitral o ante la CIJ. Por lógica, la solución judicial debía ser la última y menos deseada porque suponía el fracaso de los demás medios de solución, significando también un regreso a la situación en que se encontraban en 1966, en el estado en el que las partes hubieran podido iniciar el litigio en sede judicial, en donde no se buscaría una solución práctica satisfactoria, sino que se litiga para dar la razón a quien la tenga de conformidad con el derecho.

Si el AG hubiese querido esa solución práctica con los medios judiciales, hubiera dicho expresamente que el tribunal arbitral o la CIJ determinarían la solución, para lo cual, *sine qua non*, las partes hubieran tenido que otorgar la facultad de decidir *ex aequo et bono*, hecho que no ocurrió, ni hay manera de forzar una interpretación de que las partes del AG, para la solución judicial, confirieron a los árbitros o a la CIJ el poderío jurisdiccional derivado de dicha facultad.

Nótese del artículo 33 de la Carta de la ONU que los medios de solución de los conflictos mediante la negociación, la investigación, la mediación y la conciliación, suponen, como requisito indispensable, que las conclusiones o propuestas sean aprobadas por las partes. De opuesto, en el arbitraje y en el arreglo judicial no existe tal aprobación, sino que se dicta la sentencia que es obligatoria.

En el N° 86 de la sentencia de **18 de diciembre de 2020** la Corte dice: "*Hay varias razones por las que una decisión judicial, que tiene fuerza de cosa juzgada y aclara los derechos y obligaciones de las Partes, **podría no conducir de hecho a la solución definitiva de una controversia**. Basta para la Corte observar que, en este caso, una decisión judicial que declare la nulidad del Laudo de 1899 sin delimitar la frontera entre las Partes **podría no conducir a la solución definitiva** de la controversia, lo que sería **contrario al objeto** y fin del Acuerdo de Ginebra*".

La decisión en cuestión es defectuosa porque enreda el ámbito de jurisdicción de la Corte, sencillamente porque ella no puede fijar la frontera si alguna de las partes no lo demanda. El que se haya incluido la solución judicial no significa que, necesariamente, deba contener una resolución completa de la controversia. La Corte no debería ignorar que en ciertas ocasiones una sentencia es paso previo necesario para ir a otra sentencia. La creencia de que la sentencia debe definitivamente poner fin a la determinación de la frontera confundió a la Corte, pues es posible la hipótesis de que el laudo sea anulado y ella no pueda fijar la frontera, no solo porque Guyana no lo demandó sino también porque Venezuela todavía no lo ha solicitado. ¡Por ello es que insisto que Venezuela debe no solo alegar como defensa de fondo sino también demandar (reconvenir) que es la propietaria, exigir la frontera y que la Corte la declare!

Los representantes de Venezuela ante la CIJ no deben ser pasivos, sino pedir nulidades y aclaratorias, dado que es peligroso el criterio de que ella puede fijar la frontera sin la demanda de una de las partes.

XLIII.

EVITAR ERRORES CON EL ESEQUIBO[43]

En el Acuerdo de Ginebra las partes se obligaron a buscar un arreglo práctico satisfactorio, el cual únicamente era posible mediante el convenio de ellas, quienes intentaron hacerlo con los medios pacíficos de solución de controversias previstos en el artículo 33 de la Carta de la ONU, en primer lugar con los medios diplomáticos, previendo tácitamente que si no funcionaban irían, en segundo término, al medio judicial, fuese arbitraje o en la Corte Internacional de Justicia (CIJ), es decir, en estos dos últimos con combate jurídico que, lógicamente, no resultaría en un arreglo práctico sino en una sentencia.

En la sentencia de **18-12-2020** si bien la CIJ declaró (acertadamente) que tiene jurisdicción para sentenciar la validez o la nulidad del Laudo Arbitral de 1899, también declaró (erradamente) que tiene jurisdicción para determinar en la sentencia definitiva de fondo *"la cuestión conexa de la solución definitiva de la controversia relativa a la frontera terrestre"* (esto lo agregó la Corte porque Guyana no lo demandó), es decir, lo hizo de oficio creyendo que tiene jurisdicción para ello, cuando, en verdad, no la tiene.

Al respecto, el Dr. Antonio Remiro Brotóns, líder académico de los abogados defensores de Venezuela ante la CIJ, asevera

---

43 El Universal, 5 de septiembre de 2023.

(Boletín N° 165 de la Academia de Ciencias Políticas y Sociales, julio-septiembre de 2021, Caracas, pp. 345-357) lo siguiente: *"**43.** Ahora bien, en la mencionada sentencia (de **18-12-2020**) la Corte se declara competente para conocer, no sólo la validez - o no- de la sentencia arbitral de 3 de octubre de 1899, sino también de 'la cuestión conexa del arreglo definitivo del contencioso sobre la frontera terrestre'. **44.** Desde nuestro punto de vista, ésta es algo más que una cuestión conexa: es, **realmente**, la cuestión que abordaba -y aborda - el Acuerdo de Ginebra para buscarle una solución. Pero, partiendo del planteamiento de la Corte, ¿tendrá ésta en cuenta, ahora sí, el texto y el contexto del Acuerdo, al decidir sobre el 'arreglo definitivo del contencioso sobre la frontera terrestre', esto es, calibrará debidamente que ese arreglo definitivo ha de ser, según el Acuerdo **un arreglo práctico, satisfactorio y aceptable para las partes, o volverá a ignorar el Acuerdo en la fase de fondo? 45.** No parece la Corte la institución más adecuada para alcanzar por sí misma el arreglo que busca el Acuerdo de Ginebra; pero dado que se ha declarado competente con base en este Acuerdo se verá abocada, si quiere respetarlo, **a obligar a las partes a una negociación o a la formulación de propuestas** de arreglo que puedan ser dirimidas judicialmente ajustándose en lo posible al objeto del Acuerdo. **46.** Con otras palabras, la Corte puede declarar **válida** o **nula** la sentencia arbitral de 3 de octubre de 1899, cuestión en la que **no debió entrar por quedar fuera del Acuerdo de Ginebra;** a continuación, **deberá ocuparse del genuino objeto de éste**, sin que la decisión sobre el **primer punto predetermine la respuesta al segundo. Si obra de otro modo la Corte sería reincidente en la infracción del Acuerdo".*

En cuanto a lo señalado en el **N° 44**, es desacertado creer que la Corte pueda determinar y sentenciar sobre un acuerdo práctico que no lograron las partes, como también es inaceptable que pueda fijar la frontera sin que Guyana lo hubiese demandado (no lo hizo porque pretende la validez del laudo que la fijó). Si bien el Acuerdo de Ginebra aborda la determinación de la frontera, la Corte no tiene facultad para hacerlo, salvo que alguna de las partes lo demande.

Cuando el Dr. Remiro se pregunta si la Corte volverá a ignorar el Acuerdo de Ginebra en la fase de fondo, incurre en una duda inaceptable jurídicamente, amén de peligrosa en el tablero estratégico de Venezuela. Se colocó en la posición de esperar si el tribunal ordenará o no un arreglo práctico, lo cual es, repito, impensable. Teniendo Venezuela el derecho a su favor, esa duda es inconveniente e infundada. Además, la Corte no se refirió en la sentencia al "arreglo práctico" sino a la "cuestión conexa" de la frontera.

Respecto a lo afirmado en el Nº **45**, no es como dice el Dr. Remiro que "*No parece la Corte la institución más adecuada para alcanzar por sí misma el arreglo que busca el Acuerdo de Ginebra*". La verdad es que, sin duda, la Corte no lo es. El profesor no se percató de que haber decidido la Corte que tiene jurisdicción para fijar la frontera pudiera ser una maniobra para engañar a Venezuela y hacerle creer que decidirá eso, cuando, al revés, llegado el momento de sentenciar, declare que no tiene potestad para ello, independientemente de lo que decida acerca de la nulidad o validez del laudo arbitral. Cuando Remiro dice: "*pero dado que se ha declarado competente con base en este Acuerdo se verá abocada, si quiere respetarlo, **a obligar a las partes a una negociación o a la formulación de propuestas**"*, patentiza su equivocación al creer que la Corte puede y debe "obligar a las partes a una negociación o a la formulación de propuestas". Esto es imposible porque la Corte no tiene atribución para lograr el arreglo práctico deseado por dicho Acuerdo, ni puede obligar a las partes a negociar, ni puede formular propuestas de arreglo.

En relación con lo aseverado en el Nº **46**, el profesor Remiro acota, desacertadamente, que la declaratoria de validez o nulidad del laudo por parte de la Corte no influye sobre el arreglo práctico de la frontera, es decir, para él la Corte, sin importar lo que decida sobre la nulidad o validez del laudo, debe alcanzar el "arreglo práctico". También está errado al afirmar que la Corte no debió pronunciarse ni debe sentenciar sobre la validez o nulidad del laudo **"por quedar fuera del Acuerdo de Ginebra"**, Remiro está equivocado porque, según él, el Acuerdo de Ginebra no se hizo para revisar la nulidad o validez del laudo sino para encontrar un arreglo práctico satisfactorio para las partes. Y llega al extremo de afirmar que el Acuerdo obliga a la Corte a determinar dicho arreglo, y que si no cumple lo viola.

Extrajudicialmente las partes, para concretar el convenio práctico de la controversia, basadas en la probable y posible nulidad del laudo, no lograron transigir ni precisaron la nulidad. Todo fue infructuoso. Ahora corresponde a la Corte, judicialmente, sentenciar la validez o nulidad del laudo y, en este último caso, declarar quién es la propietaria. La Corte no puede inmiscuirse para calibrar, como dice el Dr. Remiro, "un arreglo práctico, satisfactorio y aceptable para las partes".